民族文化传承与创新专业教学资源库项目全案

Project Collection of Repository about National Culture Heritance and Innovative Professtional Teaching

刘正宏 著

中国纺织出版社

内 容 提 要

要实现民族文化传承与创新，只有将科学与文化相结合、技术与艺术相结合，通过信息技术、数字技术和艺术手段的并用，建设民族文化传承与创新教学资源库，解决资源与需求的突出问题，实现优质资源共享，才能促进传统文化继承发展，满足文化产业转型升级需要。民族文化传承与创新专业教学资源库是自主学习平台、教育教学平台和推广应用平台，是保护、传承、创新和传播民族文化的重要载体。本书共分三篇，包括建设篇、总结篇、升级篇，重点展示国家级民族文化传承与创新专业教学资源库项目建设从申报、建设、总结、验收、应用、升级全过程，把项目建设点滴经验与大家分享。

图书在版编目（CIP）数据

民族文化传承与创新专业教学资源库项目全案 / 刘正宏著. —北京：中国纺织出版社，2018.6

ISBN 978-7-5180-5038-3

Ⅰ. ①民… Ⅱ. ①刘… Ⅲ. ①高等学校—民族文化—教育资源—研究—中国 Ⅳ. ①K28

中国版本图书馆CIP数据核字（2018）第100266号

策划编辑：郭慧娟　　责任编辑：谢婉津　　责任校对：楼旭红
责任设计：何　建　　责任印制：王艳丽

中国纺织出版社出版发行
地址：北京市朝阳区百子湾东里A407号楼　邮政编码：100124
销售电话：010—67004422　传真：010—87155801
http://www.c-textilep.com
E-mail:faxing@c-textilep.com
中国纺织出版社天猫旗舰店
官方微博http://weibo.com/2119887771
北京玺诚印务有限公司印刷　各地新华书店经销
2018年6月第1版第1次印刷
开本:787×1092　1/16　印张:10.75
字数:201千字　　定价:68.00元

前言

中国是一个统一的多民族国家，具有悠久的文明发展历史，积淀了十分丰富而又独特的优秀文化遗产。从现实情况看，民族文化传承存在着信息缺失、表现缺失、机制缺失等问题。民族文化传承是非常紧迫和重要的，这是政府的重要职责，更是教育的重要使命。职业教育应责无旁贷承担起这一使命，发挥职业教育在民族文化传承与创新中的基础作用、服务作用和促进作用，才能最大程度地使民族文化得以保护与开发、传承与创新。民族文化传承与创新是促进中华文化发展的需要，也是促进文化产业发展的需要。

要实现民族文化传承与创新，只有将科学与文化、技术与艺术相结合，通过信息技术、数字技术和艺术手段的并用，建设民族文化传承与创新教学资源库，解决资源与需求的突出问题，实现优质资源共享，才能促进传统文化继承发展，满足文化产业转型升级的需要。民族文化传承与创新专业教学资源库是自主学习平台、教育教学平台、推广应用平台，是保护、传承、创新和传播民族文化的重要载体。

2013年7月，北京电子科技职业学院被教育部批准为国家级民族文化传承与创新专业教学资源库项目主持单位。学校以“在保护中传承，在传承中创新；为民族守艺，为文化存根”为宗旨，在培养民族文化传承创新人方面做出了有益的探索与实践，2015年9月顺利通过教育部验收。2016年9月，又被教育部确认为民族文化传承与创新专业教学资源库升级改进项目，我们将继续丰富和完善项目内容，为民族文化传承与创新提供类型化的借鉴案例，为教育教学服务，为社会服务，为文化创意产业服务。

本书共分三篇，包括建设篇、总结篇和升级篇，重点展示国家级民族文化传承与创新专业教学资源库项目从申报、建设、总结、验收、应用到升级的全过程，把项目建设点滴经验与大家分享。项目建设离不开团队的大力支持，参与本书编写的有孙磊、谭坤老师，分别负责建设篇和升级篇的部分内容，在此一并感谢。同时，感谢项目建设专家指导委员会、项目建设开发团队、非遗项目技艺传承人和行业企业专家的大力支持，感谢项目建设联合单位的鼎力配合。

不妥之处，敬请指导。

2018年2月

刘正宏

内容简介

第一部分　建设篇

以中国传统金属及泥塑工艺美术为资源载体，应用数字媒体技术，按照行业规范和职业标准，“政校企行”共建具有国内外先进水平的大容量、共享型、互动式、持续更新的职业教育民族文化传承与创新专业教学资源库，培养民族文化传承创新人，实现民族文化传承创新专业人才培养与非物质文化遗产传承对接，职业教育与民族文化双向互动、协同发展，保存、传承、传播和创新中华民族传统文化。

第二部分　总结篇

南向彩云之南户撒刀之乡，西走甘肃临夏积石山县，从中原浚县泥咕咕到江苏无锡惠山泥人，以传承文化、传习技艺为己任，寻访我国金属工艺、泥塑工艺两大类非物质文化遗存，建设了国家级民族文化传承与创新专业教学资源库，解决资源与需求的突出问题，实现优质资源共享，最大程度地促进了民族文化的保护与传承、创新与应用，探索并形成了职业教育“六艺”一体教学模式。标准化采集加工，为民族文化保护——专业守艺；技艺大师进课堂，为民族文化留根——大师传艺；与教育教学融合，为民族文化传承——学生学艺；教学模式探索实践，为民族文化创新——师生用艺；创新成果展示应用，为民族文化传播——社会展艺；多元平台联合构建，为民族文化发展——多方弘艺。保护、传承、学习、创新、传播、应用“六维”融合共促非物质文化遗产发展，守艺、传艺、学艺、用艺、展艺、弘艺“六艺”一体共育民族文化传承职业人，促进了非物质文化遗产继承的群体化，民族文化创新应用人才培养质量显著提升。

第三部分　升级篇

以课程建设为主线，深化已建非遗项目，适度增加新的非遗项目，设计更加人性化的学习路径，拓展移动互联网资源建设，整体结构化设计，资源系统化开发，丰富和完善已有的中国传统金属及泥塑工艺美术子库，为构建国内外先进水平的大容量、共享型、互动式、持续更新的职业教育民族文化传承与创新专业教学资源库，创建可借鉴完整案例，促进民族文化传承创新专业人才培养与非物质文化遗产传承有效对接形成良性循环，培养具有“工匠精神”的民族文化传承创新职业人。

目录

第一部分 建设篇 民族文化传承与创新专业教学资源库项目建设方案

第二部分　总结篇　民族文化传承与创新专业教学资源库暨中国传统金属工艺与泥塑工艺美术子库项目总结报告

第三部分 升级篇 民族文化传承与创新专业教学资源库暨中国传统金属工艺及泥塑工艺美术子库升级方案

第一部分 建设篇

民族文化传承与创新专业教学资源库项目建设方案

一、建设背景

民族文化是我国各民族在其历史发展过程中创造和发展起来的具有民族特点的文化，民族文化传承创新是促进中华文化发展的需要，是发展文化产业的需要。非物质文化遗产是文化遗产的重要组成部分，是历史的见证和民族文化的重要载体，被誉为历史文化的“活化石”“民族记忆的背影”。从民族文化传承创新的现实情况看，非物质文化遗产（以下简称“非遗”）的保护、传承、创新是非常紧迫和重要的。

国务院《关于加强我国非物质文化遗产保护工作的意见》规定了“非遗”保护工作的十六字指导方针：“保护为主、抢救第一、合理利用、传承发展”。目前在对“非遗”传承创新上存在着信息缺失、表现缺失、机制缺失等问题，主要表现在：对“非遗”的保护更多是文物式的保护，缺乏对其内容的保护；对“非遗”普遍重保护，但缺乏传承创新的机制平台，缺乏“非遗”开发利用的载体，缺乏与文化创意产业的合作，在国际市场的有效竞争力不强；“非遗”保护常常是孤立在本体本身，缺乏衍生品和实际应用的创新，与社会和企业脱节；在非遗传承人培养上主要采用师徒相授的传统模式，培养的专业人才数量有限，无法满足产业发展的需求；现有相关“非遗”资源平台在容量、内涵、服务、技术等各方面远不能满足学校、企业和社会各界的需要；传播媒体资源缺乏整合，资源的表现形式和手段单一，无法满足信息时代受众的多样化需求；资源使用率低，缺乏运行维护和持续更新。

要实现民族文化传承与创新只有将科学与文化、技术与艺术相结合，通过信息技术、数字技术和艺术手段的并用，培养民族文化传承人、创新人，发挥职业教育在民族文化传承创新中的基础作用、服务作用和促进作用，才能最大程度地使民族文化得以保护与开发、传承与创新。

自2005年以来，景泰蓝与苏绣、湘绣、粤绣、蜀绣“四大名绣”以及享誉中外的“全聚德”“同仁堂”等“中华老字号”被陆续列入国家级非物质文化遗产名录，北京兔儿爷被列入北京市级非物质文化遗产。“中国传统金属工艺”以景泰蓝等为代表，“中国传统泥塑工艺美术”以天津“泥人张”、北京兔儿爷等为代表，“中华刺绣”以“四大名绣”为代表，它们以其独具的地域特征和民族特色成为中华民族的文化名片，继承发扬这些具有较强国际影响力并承载着东方的经营智慧和商业文化，需要在传承经典的基础上，进一步开发创新。

因此，本项目以“非遗”为主要内容，基于艺术设计和经济管理，应用数字媒体技术，建设民族文化传承创新教学资源库，成为保存、传承、传播和创新民族文化的重要平台，解决资源与需求的突出问题，实现优质资源共享，满足文化创意产业转型升级的需要。

二、建设基础与优势

（一）“非遗”资源丰厚

原文化部非物质文化遗产司（以下简称“非遗司”）支持提供四大类百余种“非遗”数字化资源相关信息，作为资源库开发建设的主要内容，将国家“非遗”项目转化为教育教学资源，并转化为行业企业的创作资源，培养民族文化的传承人、创新人，为民族文化产业服务。

（二）顶级专家领衔

特邀民族文化领域、中国工艺美术大师和高等职业教育领域著名的专家学者冯骥才、孙建君、王茹芹、安惠民、张夫也、刘爱云等6位专家共同担纲首席顾问，聘请文化部非遗司司长马文辉、中国教育电视台台长康宁、旅游商品产学研联盟主席唐克美、中国商业联合会会长张志刚、湖南省湘绣研究所所长周策等多位专家协力组建项目指导团队，引领行业前沿，为项目建设总体把握、统筹指导、支持保障。

联合文化部“非遗司”等政府部门和中国文化传媒集团、中央电视台、全国商业职业教育教学指导委员会、湖南省湘绣研究所等知名传媒机构及文化企业行业42家；联合广东轻工职业技术学院等“首批职业院校民族文化传承与创新示范专业”院校，中国传媒大学、北京电影学院等本科院校，台湾建国科技大学、台湾高凤数位内容学院等海峡两岸大学，共45所院校及研究机构共建共享优质资源，传承创新民族文化。

（三）“百城百校”合作

北京电子科技职业学院以“高等职业教育综合改革试验区”建设项目为抓手，成立“政校企行四方办学理事会”，搭建学校办学与区域经济联动互动、融合发展的体制平台，建立了校企共育人才的长效机制。2011年，学校组建“旅游商品产学研联盟”，聚合北京及周边旅游品产业、文创产业等相关的政府、行业、企业资源，建立“景泰蓝”大师工作室，引入中国工艺美术大师和设计师课堂，传承民族文化传统技艺等。

在文化部非遗司和教育部职成司的大力支持下，依托“百城百校”（全国百家开设艺术类专业的高职名校，对接当地百座文化名城，开展文化创意设计教育）平台，构建共同开发建设教学资源库的长效合作机制，发挥各地优势和特点传承民族文化。

（四）专业积淀厚重

北京电子科技职业学院艺术设计学院从2007年就开始以景泰蓝、兔爷、民间剪纸等北京地区典型的民族传统美术与技艺项目作为课程教学载体，在教育教学改革中不断探索对中国传统文化的传承与创新，2013年成功申报国家级民族文化传承创新实训基地。在旅游品设计课程传统工艺教学环节，聘请北京珐琅厂设计师、中国工艺美术大师钟连盛，以现代师徒制向学生传授景泰蓝传统技艺，创建“钟连盛景泰蓝工艺美术大师工作室”。与北京高碑店中国民间美术体验馆合作，利用体验馆和校内彩塑工作室的资源，教师和民间美术大师共同授课，学生学习并实践体验中国民间美术彩塑兔爷的制作。

湖南工艺美术职业学院2006年在全国首开湘绣设计与工艺专业，2012年被教育部遴选为全国职业院校100个民族文化传承与创新示范专业点之一。湘绣设计与工艺专业与联合申报院校的苏绣专业、蜀绣专业、粤绣专业、艺术设计等专业长期保持交流合作，2011年成立了政校企共建的二级学院湘绣艺术学院（国内首家刺绣艺术学院），其校内实训基地由湖南省挂牌成为“国家级非物质文化遗产·湘绣传承与保护基地”。

北京财贸职业学院在779家老字号中首批选择具有代表性的百家老字号企业为校企合作建设主体，指导和组织老字号企业市场开发、技术创新、网上交流，开设大师授徒传艺平台，开展老字号基层管理人和技术骨干的培训，促进财经类高职学生职业素养提升，推进中华老字号品牌创新发展。

（五）发挥首都特色

首都北京是全国的政治、经济、文化中心，历史文化积淀极为深厚，是中华民族文化的中心和资源宝藏，具有文化相融、文化汇集、文化支持的特点，在民族文化传承创新上起着鲜明的、强有力的核心、示范和带动作用，承载着民族文化传承与创新的责任与使命。项目主持单位北京电子科技职业学院地处首都北京，是国家示范性高职院校和国家级高职教育综合改革试验区建设单位，多媒体设计与制作专业（群）是国家示范校重点专业，拥有国家级传媒艺术设计教学团队，一直致力于民族文化传承创新的人才培养，在专业建设方面取得了一定的成绩，积累了丰富的实践经验，为建设国家高职教育民族文化传承创新专业教学资源库奠定了良好的基础。

三、建设目标与思路

（一）建设目标

1．总体目标

以中国传统金属及泥塑工艺美术、中华刺绣等非物质文化遗产和中华老字号为资源载体，应用数字媒体技术，按照行业规范和职业标准，“政校企行”共建具有国内外先进水平的大容量、共享型、互动式、持续更新的职业教育民族文化传承与创新专业教学资源库，培养民族文化传承创新人，实现民族文化传承创新专业人才培养与非物质文化遗产传承对接，职业教育与民族文化双向互动、协同发展，保存、传承、传播和创新中华民族传统文化。

2．具体目标

“职业教育民族文化传承与创新专业教学资源库”2013年设“中国传统金属及泥塑工艺美术”“中华老字号”和“中华刺绣”三个子项目。在资源库建成后，总结项目建设经验，争取新的项目资金，在教育部职成司和文化部非遗司的大力支持下，再将资源库的内容扩展到传统美术、手工技艺、民间文学、民俗文化等四类百余种（详见附件5、6、7、8）。

（1）构建民族文化传承创新的人才培养模式。系统设计基于职业技术技能的能力目标的课程体系，以“中国传统金属及泥塑工艺美术”“中华刺绣”等相关“非遗”项目和中华老字号为教学载体，开发项目化课程，实施“双轨交互并行”教学，促进教学模式及方法的改革，多元评价教学水平，提高人才培养质量，探索研究民族文化职业教育规律。

（2）将中国传统金属及泥塑等“非遗”资源转化成数字化教学资源。面向职业教育，面向文化创意产业，通过多媒体手段，建立非遗素材信息中心、教学资源转换中心、课程建设应用中心、展示交流学习中心、创作转化推广中心“五大中心”，为非物质文化遗产立体化传承与主动式创新提供借鉴模式。

（3）搭建作品资源与产品资源双向转化平台。将学校教学过程与文化企事业单位的生产工作过程紧密结合，推进职业教育与民族文化产业对接。

（4）为社会学习者提供民族文化的学习、交流与传播平台。为国内专业人士创意设计和传统文化应用创新、其他社会学习者自主学习以及向国际传播中华传统文化提供专业化的教学资源服务。

（5）为梳理中华老字号历史文脉，凝练中华商业道德价值，促进全国职业院校学生综合职业素质提升，推进中华老字号品牌创新发展。以数百家中华老字号企业为依托，以老字号的经营理念、文化内涵、产品技艺、诚信服务等商业文化为主要内容，实施“1-7-1-1-1”项目建设，形成一个承载老字号文化传承与创新功能的共享、互动、开放型的优质教学资源库。

（6）准确把握中华刺绣各绣种的共性和独特风格，根据资源的层级及功能，划分为素材中心、网上学堂、推广中心和学习社区四大板块。建设“五馆一中心”，打造丰富优质的资源体系，促进中华刺绣精湛技艺和优秀文化在新时代的传承弘扬，推动刺绣产品的升级换代，引领刺绣产业的振兴发展。

（二）建设思路

1．创新机制，政校企行携手，保证资源的共建共享性

在文化部非遗司的大力支持下，按照“百城百校”和“旅游商品产学研联盟”（学校聚合北京及周边旅游品产业、文创产业等行业企业资源，共同建立的产品研发与技术服务校企合作长效机制平台）模式，联合各地优势院校和行业企业，构建共同开发建设教学资源库的长效合作机制；按行业规范，创建素材采集标准机制；完善创新研发的责任机制、激励机制，按企业标准和职业教育教学规律，构建数字化教育教学资源转换、课程建设、教材开发、作品设计等模板机制。

2．深入调研，明确用户需求，保证资源的实用可用性

以融合民族文化教育教学、聚合民族文化机制创新、改造民族文化科学研究、应用民族文化创新转化、弘扬民族文化对外传播为主线，深入行业企业调研，充分了解各岗位对人才知识、技能、素质等的要求，遵循职业教育教学规律，从职业岗位分析出发，在充分考虑人才培养要求、环境、条件等方面的区域差异的基础上，系统设计搭建“平台+模块”的基于职业、技术和技能的能力目标课程体系，使其兼具“普适性”与“特色化”。按行业规范和职业标准，应用数字媒体技术，将民族文化资源转化为数字化的教育教学资源，突出核心技能和知识的学习及职业素养的训练，保证资源建设的针对性和实效性。

3．研发创新，整合优势资源，保证资源建设的前瞻性

充分调动各参与院校、行业企业的积极性，吸纳“中国传统金属及泥塑工艺美术”“中华刺绣”方面的工艺大师、教授、学者参与到资源建设中，吸纳“中国传统金属及泥塑工艺美术”“中华刺绣”知名企业的新产品、新工艺、新技术等，把院校、企业的创新成果融入专业课程，实时调整教学内容，保证资源库建设的时效性和前瞻性。

4．项目管理，建立长效机制，保证资源建设的持续性

实施项目管理，建立良好的资源库运行管理机制。实现“政校企行”优质资源共享、互利共赢，形成共建共享的良性循环机制。加强资源建设过程监控，明确权责，保护知识产权，充分发挥项目联合建设单位与资源使用用户潜能，使资源建设者、资源用户在建设、管理、运用、维护和二次开发等方面高度合作、深度参与。建立资源库定期更新保障制度，不断丰富完善教学资源库，确保资源库每年更新度不低于10%，实现教学资源建设内容动态更新、资源平台技术更新、资源库平稳有效运行。

四、建设规划

（一）组建指导团队与开发团队

以北京电子科技职业学院院长王海平为项目主持人，由国内开设民族文化传承创新相关专业实力较强的高职院校教学骨干和富有实践经验的行业企业人员组成项目建设团队。由政府部门、相关企业、行业领域专家组成项目建设专业指导小组，对资源库项目建设进行统筹、协调、指导、咨询等，从策略上、技术上为项目建设提供支持和保障。

（二）明确主线与建设流程

以培养民族文化传承人、创新人为目标，以“产学研结合、校企融合”为方针，按照“调研分析—开发建设—实践应用—反馈完善—示范推广”的建设流程，以国家非物质文化遗产资源数字化、教育化开发为核心，以课程建设为主线，进行科学合理规划，确保建设目标的顺利实现。

（三）顶层设计与系统建构

面向职业教育，面向文化创意及相关产业及社会学习者，按照民族文化遗产“保护—学习—传承—创新”项目流程，以教学平台、学习平台、交流平台、转化平台为根本任务，实现民族文化传承创新，构建“中国传统金属及泥塑工艺美术”、“中华老字号”和“中华刺绣”三个子库。

（四）制定资源建设与开发标准

以“资源开发，标准先行”为基本原则，严格依据教育信息化技术标准委员会制定的（CELTS-3）相关标准，系统开发技术标准。规范、系统、科学地进行资源库各种资源的建设与开发：按行业技术规范，制定非物质文化遗产初始素材采集标准；按行业企业标准，制定数字化教学资源开发标准；遵循职业教育教学规律，制定课程建设、教材开发标准。

（五）构建普适性与个性化结合的课程体系

开展广泛深入调研，系统构建“平台+模块”的基于职业技术技能的能力目标的课程体系，合理开发通识课程、专业技术课程、专业方向课程模块，形成普适性和个性化相结合的专业人才培养整体解决方案。

从海量的非物质文化遗产资源中以积件方式组合相关课程教学载体，采取“双轨交互并行”项目化教学方式，实施“教、学、训、做、评”一体化模式，在开放式平台上，引入第三方检验评价机制，优化教学设计。

（六）按标准建设资源

建设非遗素材信息中心、教学资源转换中心、课程建设应用中心、展示交流学习中心、创作转化推广中心五大中心，包含中国传统金属及泥塑工艺美术、中华刺绣和中华老字号三方面的教学资源，服务于职业院校教师、学生、企业员工及社会学习者。

（七）开展应用测试

用3～6个月的时间完成民族文化传承与创新专业教学资源库的测试工作，组织参与资源库项目建设的院校、行业与企业进行资源库测试，并提出改进方案，进一步修改完善。

五、建设内容

（一）资源库系统建设原则

1．资源开发，标准先行

以开放的技术平台为支撑，以媒资编目方式标准化标识资源。为确保专业资源平台的快速开发与高效利用，在资源开发建设前期制定详细的标准。按教学标准规范、系统、科学地整理非物质文化素材资源，按职业标准应用数字媒体技术并将其转化成数字化的教育教学资源，按职业教育规律开发专业建设标准、课程体系及课程建设标准，按行业规范开发作品和产品，通过市场化运作模式，转化为商品。同时形成指导性文件，规范资源建设内容，为资源开发提供依据。详细内容见附件9《国家级民族文化传承与创新专业教学资源库资源建设业务标准与技术标准》。

2．突出教学，整体推进

将资源服务于教学，要对非遗素材信息中心的资源进行教学标准化设计，并具体到每一门课程及课程的组成模块与知识点，使其成为服务于教学的资源。通过加强职业院校民族文化类专业建设，推进民族文化传承与创新，培养符合民族文化产业需要的高素质技术技能人才，整体推进全国高职院校艺术设计类专业的教育教学改革。

3．积件组合，多点支撑

采用集群技术、异地冗余备份等手段，支持10万人同时在线的并发处理能力。利用先进的网络技术和移动技术，整合基于微博的学习社区、移动社区等互动方式，实现随时随地、个性化的学习与交流。以“碎片化”的理念将资源分解，以积件式方式智能组合相关课程教学载体，按照学习者的学习需求将教学资源“结构化”，以便于资源的分类整合与开发，在提高资源库数据处理速度的同时实现优质资源的共建共享。

4．知识推送，个性服务

充分考虑教师、学生、企业员工、社会学习者等各类人群的不同特点与普遍需求，形成资源库通用性建设规范，为用户提供通用性功能模块，满足不同用户的通用性服务需求。同时，本校专业或不同区域的学校，可以根据需要，智能化提取同一等级的不同资源推送给不同用户，满足不同用户的个性化服务需求，实现资源“为我所用”。

5．服务产业，旨在创新

面向职业教育，面向文创及相关产业，传承国家非物质文化遗产，创新作品向产业转化，服务民族特色产业、文化产业的转型升级，提高民族文化产品的附加价值与国际竞争力。

6．动态更新，持续发展

探索教学资源开放性建设机制，实现优秀教师、先进设备、优质资源共享，互利共赢。建立教学资源建设内容动态更新、资源平台技术更新、资源库平稳有效地运行机制。建立资金保障机制，专款专用，为本项目的实施、推广和持续更新提供充足的资金，在机制、资金两个方面保障资源库建设的可持续、可发展。

（二）“中国传统金属及泥塑工艺美术”子库

民族文化传承与创新专业国家级教学资源库之中国传统金属及泥塑工艺美术子项目库是发展中华传统文化的自主学习平台，是传播中华传统文化的教育教学平台，是应用传统民族元素进行创作并转化为文化生产力的推广平台和民族文化传承创新平台。资源库包括非遗素材信息中心、教学资源转换中心、课程建设应用中心、展示交流学习中心、创作转化推广中心、互动体验中心六大中心。具体见图1-1。

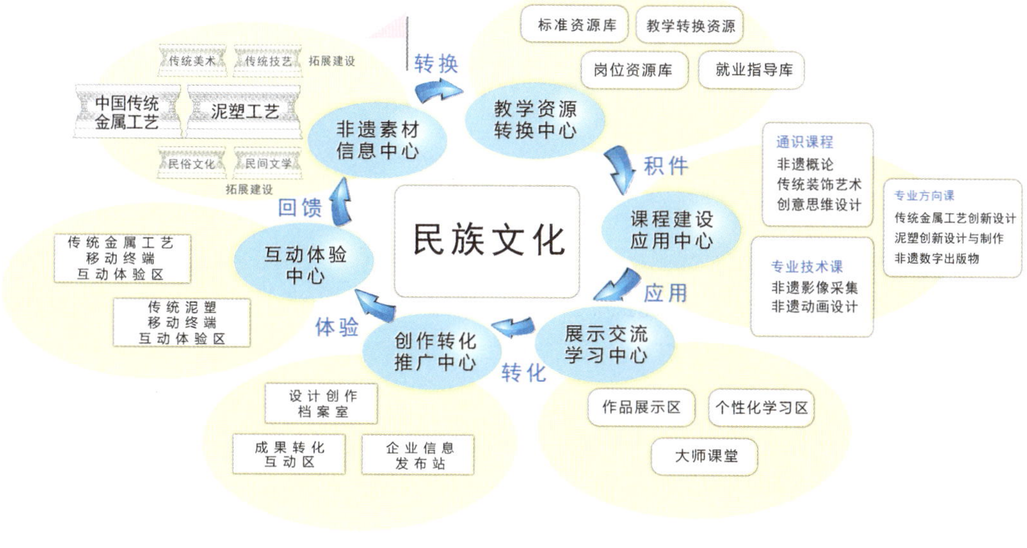

图1-1　中国传统金属及泥塑工艺美术子项目资源整体架构图

1．“非遗”素材信息中心

根据国家非物质文化遗产名录，国家非物质文化遗产分10类，共计1219种。在文化部非遗司的指导和建议下，面向职业教育和文化创意产业，结合地域分布、资源特色、专业优势、濒临失传程度等因素，尤其是与艺术设计类专业关联程度，分批次进行教学资源开发，先行选择中国传统金属工艺（以北京“景泰蓝”为主要代表）、泥塑工艺美术（以天津“泥人张”为主要代表）进行资源开发。在此资源库建成以后，总结项目建设经验，争取新的项目资金，再将教学资源库的内容扩展到国家非物质文化遗产中传统美术、手工技艺、民间文学、民俗文化四类百余种，按照“初始素材采集—教学资源转换—教育教学应用—作品—产品—商品”等流程，面向职业教育开发资源和文创产业应用资源，保护、传承、创新、传播中华传统文化。具体开发流程见图1-2。

（1）中国传统金属工艺

中国传统金属工艺是中国工艺美术的一个特殊门类，主要包括景泰蓝、烧瓷、花丝镶嵌、斑铜工艺、锡制工艺、铁画、金银饰品等。其中最有代表性的“景泰蓝”又称“铜胎掐丝珐琅”，距今已有600多年的历史，是我国传统文化的一个重要组成部分，也是北京传统工艺中最具特色的手工技艺之一。

北京电子科技职业学院依托国家示范性高等职业院校建设项目和高等职业教育综合改革试验区建设项目，积极探索、实践民族文化传承创新之路。“装饰艺术（旅游品设计）专业”以景泰蓝等北京地区典型的民族传统美术与技艺项目作为课程教学载体，在教育教学改革中不断探索对中国传统文化的传承与创新，创建“钟连盛景泰蓝工艺美术大师工作室”，聘请中国工艺美术大师将国家“非遗”项目——景泰蓝工艺带进校园课堂。

（2）泥塑工艺美术

泥塑手工艺是我国古老的民间艺术，在民间俗称“彩塑”“泥玩”，属于雕塑艺术，2006年入选中国非物质文化遗产。它以泥土为原料，以手工捏制成形，或素或彩，常以人物、动物为主。其中，最具代表性的当属天津的“泥人张”和北京的“兔爷”。泥人张彩塑艺术自张明山先生创始，至今已有180多年的历史。

“兔爷”是老北京的传统泥制玩具，是具有民间特色的手工技艺。老舍先生这样描写“兔爷”：“脸蛋上没有胭脂，而只在小三瓣嘴上画了一条细线，红的，上了油；两个细长白耳朵上淡淡地描着点浅红；这样，小兔的脸上就带出一种英俊的样子，倒好像是兔儿中的黄天霸似的。它的上身穿着朱红的袍，从腰以下是翠绿的叶与粉红的花，每一个叶折与花瓣都精心地染上鲜明而匀调的彩色，使绿叶红花都闪闪欲动。”北京电子科技职业学院为传承民族文化，开发创建泥塑工作室，聘请民间大师和校内教师共同研发，在传统泥塑工艺美术职业教育教学改革方面，开辟人才培养和研究开发的新路。

（3）“非遗”资源素材采集

素材资源大部分由校企共建，小部分从企业搜集，采取边建边用的原则，不断动态更新，累积式增长，逐渐形成面向艺术设计相关专业的各种资源包。按媒体类型分包，主要包括文本、图片、音频、视频等，见表1-1。

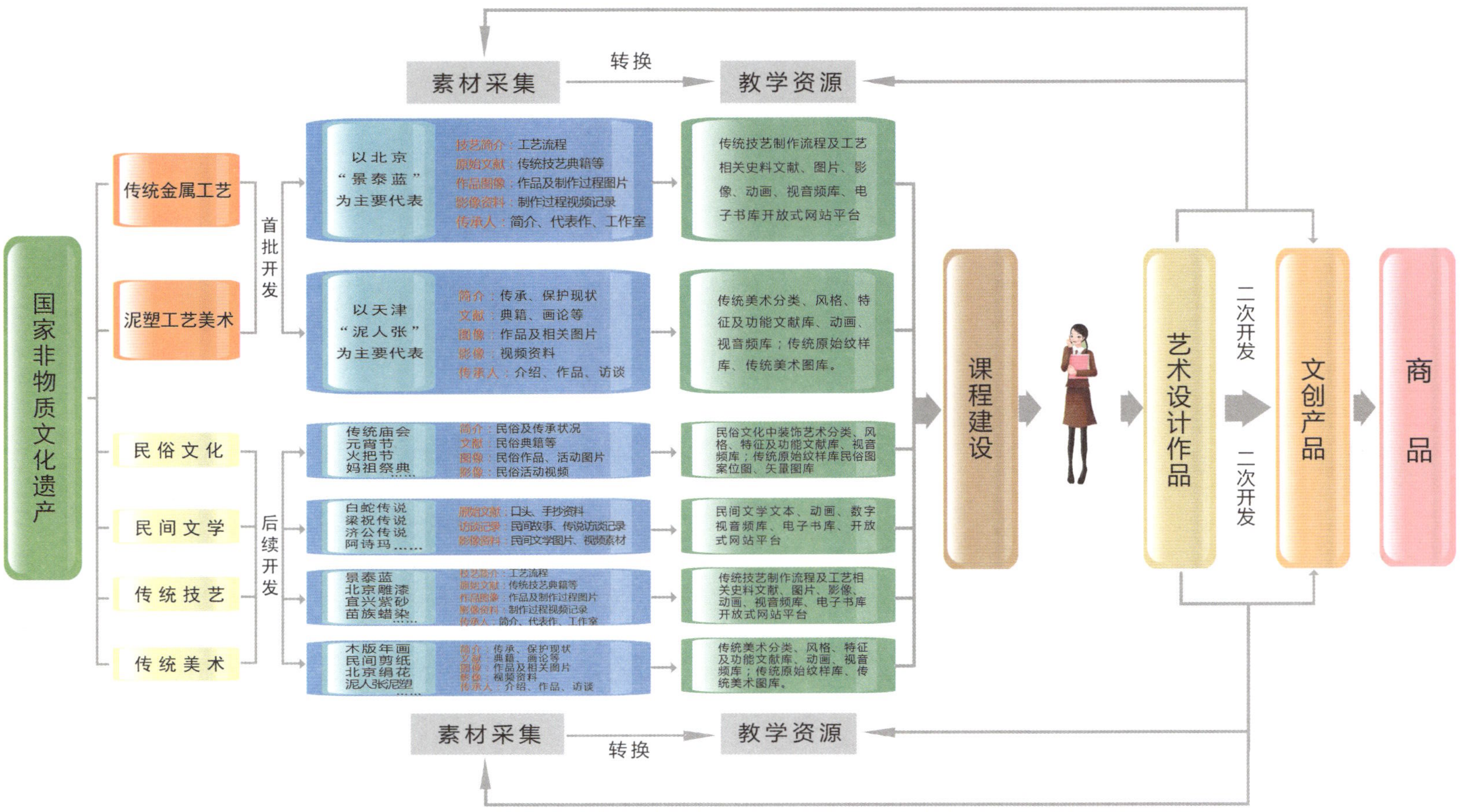

图 1-2 非遗资源开发与应用流程图

表1-1 资源素材采集项目

序号	内容	描 述	数量（个）
1	文本	主要收集技术标准、规程、业务流程、作业规范、数字教材、操作手册及非物质文化遗产的各种工艺流程。如民间美术、手工技艺、民间文学、传统民俗等	1000
2	图片	采集传统民族文化在设计、制作、加工、营销等环节典型技能图片以及反映教学团队、教学条件、教学场景、企业生产场景等图片	10000
3	音频	传统民族文化讲座、报告，民间采访、大师采访等	50
4	视频	课程教学组织过程指导视频、实训项目训练视频、企业实践工作任务操作视频等	50

（4）后续扩展建设内容

在首批资源库项目建设完成以后，将继续争取国家建设资金，完成以后的针对国家非物质文化遗产中传统美术、手工技艺、民间文学、民俗文化四类百余种资源内容的建设。

传统美术：传统美术是组成各民族美术传统的重要因素，为一切美术形式的源泉。新石器时代的彩陶艺术，战国秦汉的石雕、陶俑、画像砖石，其造型、风格均具鲜明的民族艺术特色。魏晋后，士大夫贵族成为画坛的主导人，但大量的版画、年画、雕塑、壁画则以民间匠师为主，而流行于普通人民之中的剪纸、刺绣、印染、服装缝制、风筝等更是直接来源于群众之手，并装饰、美化、丰富了社会生活，表达了人民群众的心理、愿望、信仰和道德观念，世代相沿且又不断创新、发展，成为富于民族乡土特色的优美艺术形式。传统美术共选择39项，见附件5。

传统技艺：传统技艺是我国传统文化的一个重要组成部分。是指以手工劳动进行制作的具有独特艺术风格的工艺美术，有别于以大工业机械化方式批量生产的规格化工艺美术。传统技艺共选择32项，见附件6。

民间文学：广大劳动人民的语言艺术——人民的口头创作。这种文学，包括散文的神话、民间传说、民间故事，韵文的歌谣、长篇叙事诗以及小戏、说唱文学、谚语、谜语等民间作品。民间文学共选择10项，见附件7。

民俗文化：就是世代相传的民间生活风俗。中国是一个具有悠久历史民俗传统的国家，在中国境内土生土长的各民族中，都有广大人民群众创造的各类民俗文化，代代传承。这些民俗不仅丰富了人们的生活，还增加了民族凝聚力。民俗文化共选择20项，见附件8。

2．教学资源转换中心

尊重职业人才成长规律和教育规律，将非遗数字化资源向教育教学资源转换。

（1）标准资源库

标准资源库主要包括资源标准和职业标准。资源标准与合作单位共同论证，制定各种资源建设的标准模板。这些标准的形成将有利于以后资源库的扩建、开发与应用。职业标准包括人才培养目标的定位标准，各类岗位对应的国家职业标准等内容。见表1-2。

表1-2　标准资源库

序号	内　容	描　述	数量（个）
1	建设标准	资源开发标准包括素材采集、分类与制作等标准；课程资源开发标准；职业岗位描述、职责与任务标准等	20
2	职业（行业）标准规范	人才培养目标的定位标准；各类岗位对应的国家职业标准、重要行业企业岗位标准等	50

（2）岗位资源库

面向文化创意产业，收集企业相关信息及艺术设计相关专业毕业生的就业岗位和升迁岗位的岗位描述、工作任务、岗位标准、岗位能力信息。见表1-3。

表1-3　岗位资源库

序号	内　容	描　述	数量（个）
1	企业、行业信息	企业简介、人才需求、网站链接、主要业务、服务等	100
2	职业岗位	岗位描述及典型工作任务分析	30
3	岗位能力分析	职业能力和企业关注的方法能力、社会能力	100

（3）教学转换资源

通过校校合作、校企融合，按照教学资源的标准需求，将非遗资源素材进行整合、提炼、制作，并经过教学实践运行的检验，转化成能直接用于教学的资源。见表1-4。

表1-4　教学转换资源内容

序号	内　容	描　述	数量
1	人才培养方案	中国传统金属工艺与泥塑工艺美术类专业人才培养整体解决方案、非遗所涉及专业的个性化人才培养方案等	3套

续表

序号	内 容	描 述	数量
2	课件	开发专业技术平台课件、专业技术课件、专业方向课件、专业创新实践教学辅助课件	8套
3	习题	课程习题库、试题库，培训习题、技艺操作练习	1000道
4	电子读物	适宜在传统终端和新媒体移动终端展示的传统民族文化历史、工艺、传承和创新的多媒体产品	20个
5	企业案例	各类文创企业相关项目典型案例	100个
6	动画	展示传统民族文化不同技艺、传说、内部结构、流程工艺的动画资源	30个

（4）就业指导库

开展职业生涯设计，指导学生科学就业。主要包括职业规划、职业素养、应聘技巧。见表1-5。

表1-5 就业指导库

序号	内 容	描 述	数量（个）
1	职业规划案例	职业定位、目标设定、通道设计等	10
2	职业素养案例	职业道德、职业意识、职业行为习惯、职业技能等	15
3	应聘技巧案例	应聘的礼仪、行为、语言、文书等	15

3．课程建设应用中心

（1）课程体系搭建

以民族文化传承创新为宗旨，以文化部非遗司提供的国家非物质文化遗产数字化资源相关信息为基础，尊重行业企业标准，按职业教育规律，以“平台+模块”的方式系统设计课程体系，以积件式方式组合相关课程教学载体，采取“双轨交互并行”项目化课程模式，实施“教、学、训、做、评”一体化教学，见图1-3。在开放式的平台上，引入第三方评价检验机制，将教师作品、学生作品、社会学习者作品、企业员工作品不断充实进非物质文化遗产数字化资源库，形成良性循环，面向职业教育和文化创意产业，不断更新民族传统文化知识宝库，把民族传统文化从平面传播保护向交互立体化传承、主动式创新转化，培养民族文化的传承人、创新人。

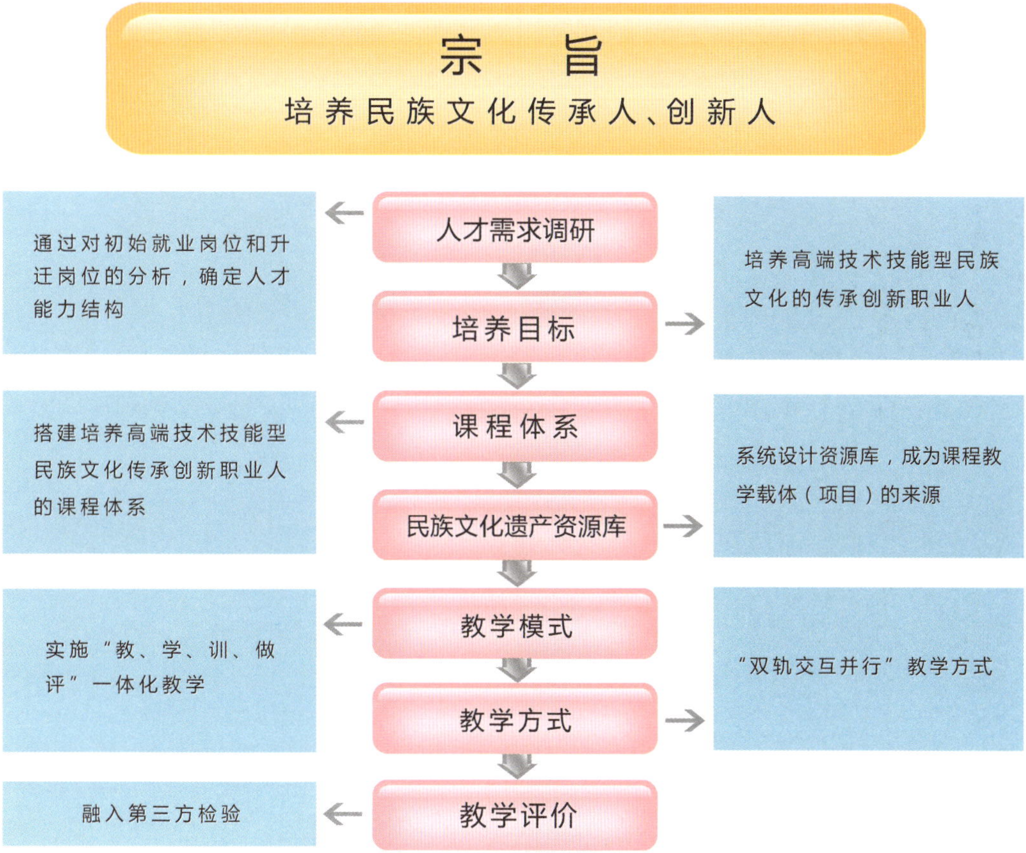

图 1-3　人才培养流程图

宗旨：培养民族文化的传承人、创新人。

专业人才需求调研：通过对初始就业岗位和升迁岗位的分析，得出各岗位知识、技术核心要求。

人才培养目标：知识、能力和素质协调发展，具有国家富强、民族振兴的责任感，一定的创新能力和跨文化沟通及参与国际竞争能力，掌握本专业的基础知识、技术理论及本专业领域的核心技能，能够将所掌握的理论知识和技术技能应用于民族文化的传承与创新，适应文化创意产业需要的高端技术技能型人才。重点是培养高端技术技能型民族文化的传承创新职业人。

课程体系构建：提升高端技术技能型人才的知识、能力和素质，培养高端技术技能型民族文化的传承创新职业人，搭建基于职业、技术和技能的能力目标课程体系。见图1-4。

系统设计：以其承载的专业技术理论知识作为课程的教学载体（项目）的来源。艺术大类的其他专业或不同区域的学校，可以根据需要，采用积件方式提取同一等级的资源作

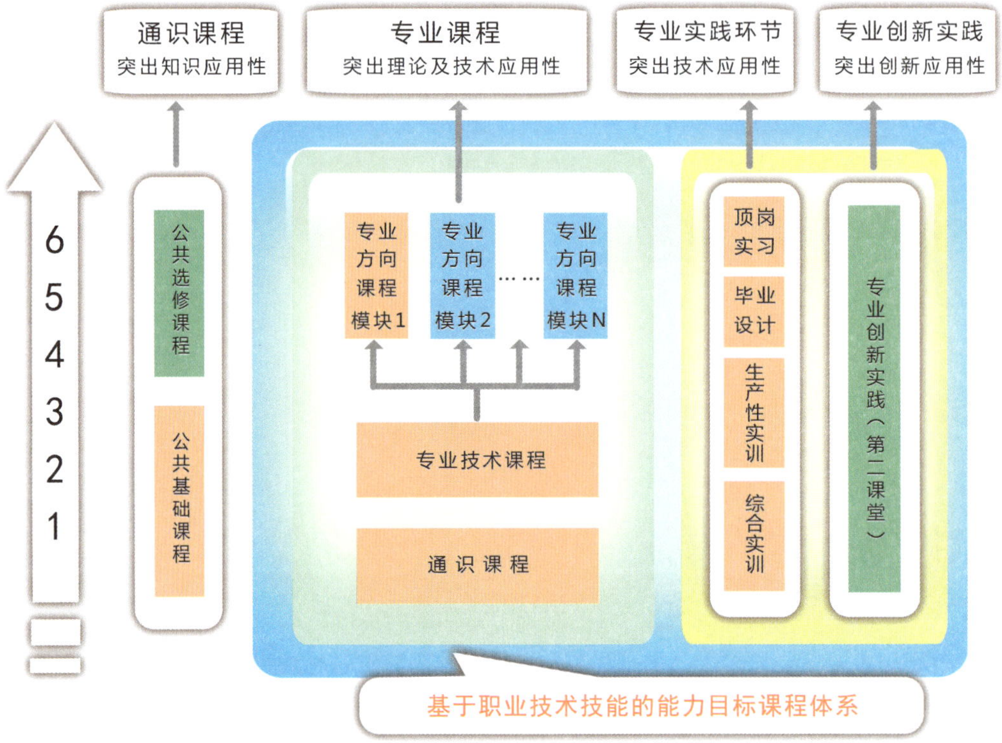

图 1-4　课程体系构建图

为课程教学载体，从而实现资源的“为我所用”。见图1-5。

教学模式：实施“教、学、训、做、评”一体化教学模式，以职业能力目标为依据，以实际职业活动或典型工作任务为载体，以学习者为中心，教、学、训、做、评相融合。

教学方式：教师需要帮助学生在与真实的工作任务的联系过程中去学习知识，掌握理论、应用理论，完成工作任务，按照企业的岗位职责和技术标准考核学生学习质量。采用“双轨交互并行”的方式实现。见图1-6。

“双轨交互并行”是指A轨企业设计师与B轨师生在同一时间段内，针对同一个真实项目实施教学。“交互”时，A轨中的企业设计师和B轨教师分别从行业和教学的角度，以讲解、示范、点评等方法指导学生。“并行”时，A轨设计师按照企业运作工作，B轨学生在教师指导下完成仿真或真实项目。将“项目”作为实践教学载体，以“双轨”组织形式，采用“交互并行”的方法，让学生得到职场的实战体验，达到“准职业人”的培养目的，并优化了“双师结构”团队建设。

教学评价：融入第三方行业企业评价检验，按行业企业标准，教师和学生的优秀作品经二次开发可以转化为产品，部分产品经过市场化运作模式，可以转化为商品。学生作品、教师作品、企业员工作品、社会学习者作品可以回流到教学资源库中，形成良性循

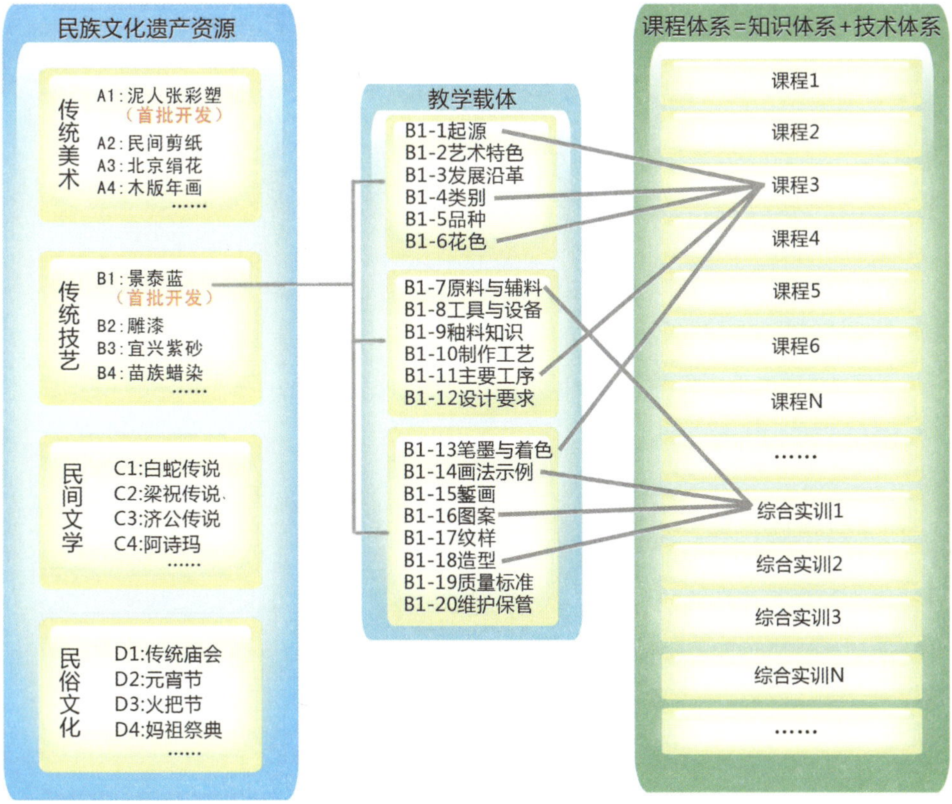

图 1-5 课程载体积件组合图

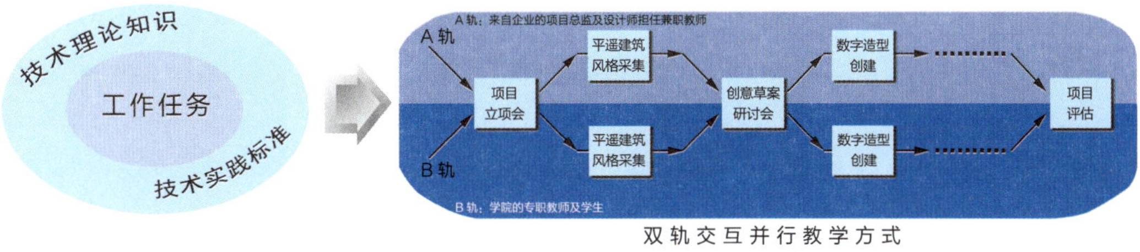

图 1-6 教学方式示意图

环。见图1-7。

职业教育是区域性教育，不同地域的学校可以使用本资源库中的素材去搭建具有民族传统文化区域特色的课程体系。见图1-8。

（2）课程开发

将随首批资源可建设内容开发出8门课程，每门建设课程资源主要包括课程标准、教学整体设计、教学单元方案、课件、资源素材、教学案例或项目等内容。同时随每门课程重点开发编写出相应的教材。具体建设内容见表1-6。

教学评价—融入第三方检验

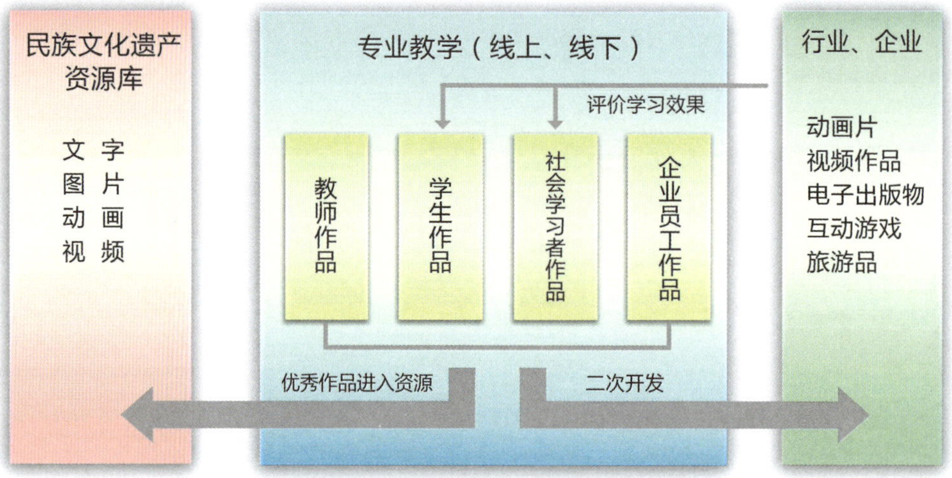

图 1-7　教学评价示意图

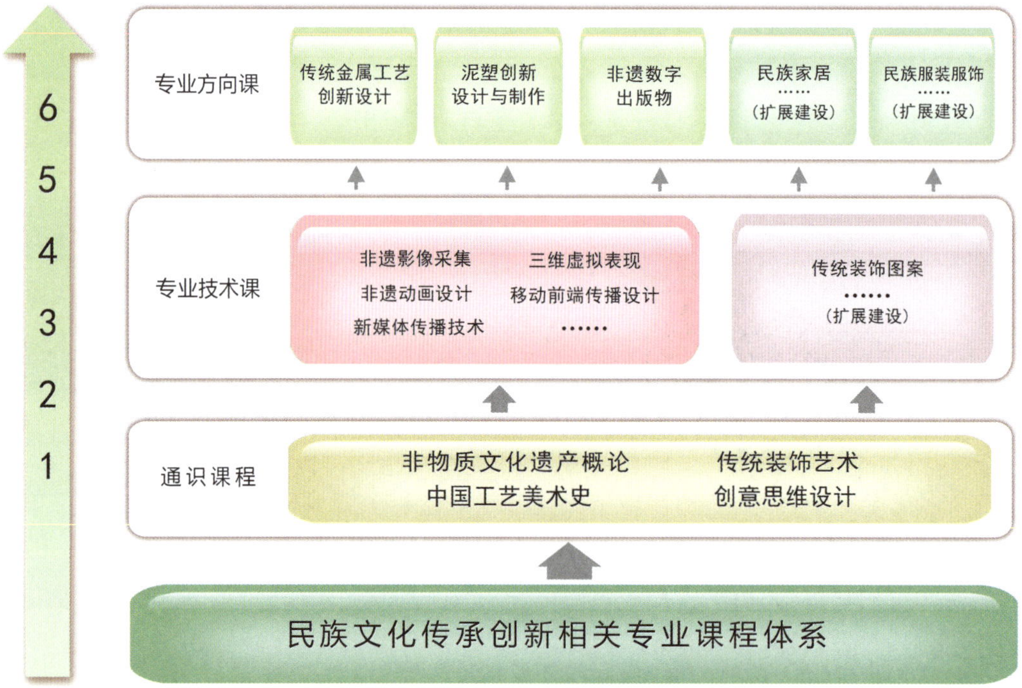

图 1-8　民族文化传承创新相关专业课程体系图

表1-6　课程资源库建设内容（民族文化传承创新）

<table>
<tr><th>序号</th><th>层级</th><th>课　程</th><th>功能承载</th><th>预计成果</th><th>主要内容</th></tr>
<tr><td>1</td><td rowspan="3">专业技术平台课程</td><td>非物质文化遗产概论</td><td>普及非遗地域、类别划分、传承保护与创新等知识</td><td>非遗产品分类、风格、特征及功能；文献库、视音频库；申报指南；非遗保护现状报告</td><td rowspan="8">1. 课程标准
2. 课程整体设计
3. 教学单元方案
4. 教学方法
5. 电子教案
6. 教材
7. 授课PPT
8. 授课录像
9. 与课程相关的传统文化资源（图文、动画、影视）
10. 教学案例、项目
11. 与课程相关的企业技术资料和文献资料（技术、工艺文件）
12. 师生作品库
13. 企业案例库</td></tr>
<tr><td>2</td><td>传统装饰艺术</td><td>普及中国传统装饰艺术时代背景、种类划分、艺术风格与特点、图案装饰功能等知识</td><td>中国传统装饰艺术分类、风格、特征及功能；文献库、视音频库；传统原始纹样库、传统图案位图、矢量图库</td></tr>
<tr><td>3</td><td>创意思维设计</td><td>基于非遗相关资源，传授文化创意设计与开发的思维训练方法，应用于创新设计中</td><td>传统美术、传统技艺、民俗文化、民间文学思维导图库；典型非遗创意产品开发库</td></tr>
<tr><td>4</td><td rowspan="2">专业技术课程</td><td>非遗影像采集</td><td>以非遗为主题内容，拍摄民族文化传统素材图片、视频，进行素材采集、整理、归类</td><td>传统文化元素库；传统图案库；传统文化作品库；非遗项目保护及传统流程传承视频制作计划及方案；非遗视频素材库，包括视频片段和完整制作流程等</td></tr>
<tr><td>5</td><td>非遗动画设计</td><td>对传统美术、传统技艺、民间文学、民俗作品特征、技艺、工作流程进行动画演示；以非遗项目为主题，创作动画片</td><td>传统美术、传统技艺、民间文学、民俗作品特征、技艺、工作流程动画库；动画作品库</td></tr>
<tr><td>6</td><td rowspan="3">专业方向课</td><td>传统金属工艺创新设计</td><td>传承传统金属工艺制作技艺；应用传统金属工艺相关的装饰艺术及技艺，开发设计具有地域性特色的旅游产品</td><td>传统金属工艺制作流程及工艺相关史料文献、图片、视音频库；“北京礼物”主题旅游品设计库</td></tr>
<tr><td>7</td><td>泥塑创新设计与制作</td><td>传承泥塑制作技艺；应用泥塑相关的装饰艺术及技艺，开发设计具有地域性特色的旅游产品</td><td>传统图案、史料文献库；传统美术、传统技艺、民间文学、民俗作品数字出版物库</td></tr>
<tr><td>8</td><td>非遗出版物</td><td>对传统美术、传统技艺、民间文学、民俗等项目，综合运用图像、视音频、动画、交互手段进行立体化留存、展示与传播</td><td>传统图案、史料文献库、传统美术、传统技艺、民间文学、民俗作品数字出版物库</td></tr>
</table>

（3）课程资源应用案例

每门课程的建设内容主要包括职业/行业标准、课程标准、授课计划、电子教案、教学课件、教学视频、教材、实训方案、实训动画、虚拟实训、课程成果、拓展资源等课程要素。以《非遗出版物》课程为例，展示具体课程应用资源情况，见表1-7。

表1-7　课程资源库建设内容示例——《非遗出版物》（民族文化传承创新）

类　别		名　称	来　源	类　型	数量（个）
职业标准、技术标准、业务流程、工艺流程	职业/行业标准	电子图书描述元数据规范	数字图书馆标准与规范建设项目	文档	50
	标准	专门数字对象描述元数据规范	数字图书馆标准与规范建设项目	文档	50
	技术标准	符合网络及移动平台标准	出版社及传媒行业	文档	50
	业务流程	数字印刷领域的数字化工作流程	出版社及传媒行业	文档	20
	工艺流程	传统工艺流程	非遗传承人、工作室	文档	200
教学文件	课程标准	《非遗出版物》课程标准	行业与院校	文档	40
	课程整体设计	《非遗出版物》课程整体设计	行业与院校	文档	40
	教学单元方案	《非遗出版物》教学单元方案	行业与院校	文档	80
	教学方法	《非遗出版物》教学方法	行业与院校	文档	20
	电子教案	《非遗出版物》电子教案	行业与院校	文档	30
	电子教材	《非遗出版物》电子教材	行业与院校	文档	30
	授课PPT	《非遗出版物》授课PPT	行业与院校	文档	30
	授课录像	《非遗出版物》授课录像	行业与院校	文档	30
景泰蓝文献资料	书	《中国工艺美术大师·钱美华：景泰蓝》	江苏美术出版社	出版物	3
	书	《非物质文化遗产丛书——景泰蓝》	北京美术摄影出版社	出版物	5
	书	《景泰蓝之夜》	海豚出版社	出版物	5
	书	《景泰蓝》	黄山书社	出版物	5
	书	《金银细金工艺和景泰蓝》	河南教育出版社	出版物	3
	书	《中国工艺美术大师·金世权：景泰蓝》	江苏美术出版社	出版物	3

续表

类别		名称	来源	类型	数量（个）
景泰蓝文献资料	操作规程	《景泰蓝工艺操作规程》	北京市珐琅厂	规范文件	5
	质量标准	《工序质量标准》	北京市珐琅厂	规范文件	20
	企业标准	《景泰蓝工艺品企业标准》	北京市珐琅厂	规范文件	20
	行业标准	《中华人民共和国景泰蓝工艺品行业标准》	北京市珐琅厂	规范文件	20
景泰蓝图片资料	图片资料	明代景泰蓝	文献资料	图片	500
	图片资料	清中期景泰蓝	文献资料	图片	500
	图片资料	清晚期景泰蓝	文献资料	图片	500
	图片资料	现代景泰蓝	拍摄	图片	500
	图片资料	景泰蓝制作工艺	拍摄	图片	500
	图片资料	景泰蓝工艺品及艺术画	拍摄	图片	500
景泰蓝音视频资料	音视频资料	《不可不看——浴火重生景泰蓝》	拍摄或文献纪录片	视频	1
	音视频资料	景泰蓝画工艺技术	VCD视频光碟光盘资料拍摄或文献纪录片	视频	20
	音视频资料	新型景泰蓝画制作技术	拍摄或文献纪录片	视频	20
	音视频资料	北京景泰蓝工艺品的制作视频	拍摄或文献纪录片	视频	50
	音视频资料	景泰蓝大师访谈音视频	拍摄或文献纪录片	视频	10
景泰蓝动画、虚拟模型、虚拟场景资料	三维动画	景泰蓝三维动画展示	三维建模、渲染	动画	50
	虚拟模型展览	景泰蓝虚拟模型展览	三维建模	模型	200
	虚拟场景	景泰蓝虚拟交互体验	虚拟设计	程序	100
	移动APP	景泰蓝移动APP产品	APP产品	产品	100
景泰蓝相关网站	网站	景泰蓝之家	http://www.jtlzj.net/	网址	1
	网站	景泰蓝手镯_景泰蓝之家	http://www.jtlzj.net/jingtailanchanpin/jingtailanshou/	网址	1
	网站	景泰蓝—老字号工厂店	http://www.ltljtl.com/	网址	1
	网站	北京泰和坊	http://www.thfjtl.com/	网址	1

续表

类别		名称	来源	类型	数量（个）
大师作品库	大师作品	钱美华	文献资料	图像、视频	20
	大师作品	张同禄	文献资料	图像、视频	20
	大师作品	戴嘉林	文献资料	图像、视频	20
	大师作品	霍铁辉	文献资料	图像、视频	20
	大师作品	钟连盛	文献资料	图像、视频	20
	大师作品	米振雄	文献资料	图像、视频	20
最终成果	文献、图像、动画、模型、教材、音视频、出版物库				

4．展示交流学习中心

（1）作品展示区

作品展示区包括个人作品展示、团队作品展示、寻求帮助三个部分。用户可以上传自己或团队的参赛作品、练习或作业和大家分享，还可以在遇到问题时上传图片，寻求他人的指点，图片全部是由用户上传，在每张图片下面都可以自由评论，发表感想或意见建议。

（2）个性化学习区

个性化学习区以学习者为中心，面向社会开放优质教学资源，使学习者能够在基于网络的学习情境下进行自主式、协作式学习，为文化创意产业从业人员提供终生学习的网络环境。通过个性化学习空间，社会学习者、企业员工、院校学生将获得全新的体验，享受属于个人的学习门户、精准接收专属的提醒消息、同步掌握关键的学习流程、高效管理个人的学习事务。个性化学习区主要包括个人资源中心、资源上传、资源推荐、学习互动等模块。通过互动交流使用户获得各种与设计相关信息，可以促进同学之间、师生之间和不同专业用户之间的沟通，以便用户在遇到问题时能够更快更好地解决问题。互动交流平台可通过多种途径激发用户对设计的热情，促进用户之间在专业上的良性竞争和共同进步。

（3）大师讲堂

以微课等形式推介，邀请3至5个非物质文化传承人或相关行业大师进校园、进课堂，传播中华传统文化，培养民族文化传承创新职业人，将相关信息数字化、网络化，互动式呈现。

5．创作转化推广中心

创作转化推广中心遵循学校主导、突出特色、创新机制、综合集成的原则，充分发挥高职院校与企业资源的对接转化，拓宽“产学研用”渠道，为学校成果转化、企业订单交易和信息发布提供一个交流互动平台。

（1）设计创作档案室

建立师生优秀作品档案库，定期举办非遗文化创作展，是学生成果展示平台。

（2）成果转化互动区

为师生创意成果转化提供文创产品推广应用平台，将师生创作成果与市场需求对接，并建立市场反馈机制。

（3）企业信息发布站

相关企业实习、社会实践、招聘就业动态信息公告平台。

6．互动体验中心

移动终端是现在年轻人非常喜爱的信息沟通方式，通过建设移动终端信息互动体验区，将资源库中一些参与性强的信息整合成单个的小篇幅文章，通过移动终端实现随时随地的播报。在校学生或社会学习者通过获取这些信息，可以学习知识、掌握本专业的前沿发展动态，传承与发扬民族文化，逐渐形成发展个人事业的能力。

通过互动体验中心，资源库能够吸引参与者主动学习，形成学习兴趣。我们的目标就是让学习者在互动体验中心体会民族手工艺的制作过程，并对民族传统手工技艺留下深刻印象。达到这样的目标，需要依赖性能良好的网络操作平台和真实的实训工作室环境，在建设过程中，与技术部门及平台提供方紧密合作，利用国家级实训基地建立现场体验，以快速的网络服务形成良好的互动体验学习效果。通过微信平台或微博平台形成一个泛在、互动、共享的学习社区；而用户在个性化学习体验中心不仅能够学习民族传统技艺，还能够交流互动，将民族文化不断向外、向更大范围扩散传播，使这项学习资源在校内、企业、社会各个层面得以充分利用。

（1）传统金属移动终端互动体验区

建设传统金属工作室移动终端互动体验区，以非物质文化遗产中景泰蓝工艺为主形成互动体验内容，聘请民间工艺大师以现代师徒制方式传承民族文化传统技艺。通过移动终端实时播报传统金属技艺（制胎、掐丝、点蓝、烧蓝、磨光等工艺）和工作室的最新动态、研究成果，满足传统金属技艺爱好者的互动体验需要，每年上传信息100条以上。通过与学习者的互动体验，向国内外传播民间艺术，吸引社会民众参与保护传承民族文化。

（2）传统泥塑移动终端互动体验区

建设传统泥塑工作室移动终端互动体验区，以非物质文化遗产中的泥人张彩塑工艺为主形成互动体验内容，在这里学习、体验绘制传统图案、纹样，传承泥塑制作技艺，应用泥塑相关的装饰艺术及技艺。通过移动终端实时播报传统泥塑的相关知识和前沿动态，在互动体验区用图片、视频给观众非常直观的印象，满足在校学生和社会参与者的互动体验需要。通过互动体验，将民族文化的个性化与学校教学的共性化、标准化和规范化相融合，实现非物质文化遗产的科学传承。每年上传信息100条以上，让学习者体验民族文化手工技艺的博大与精深，达到保护传统美术、传统技艺的目的。

7．系统平台使用与扩展

系统平台是资源库运行的载体，资源库建成后将整体内容上传至国家统一运行平台——高等教育出版社建设的“数字化学习资源中心”。充分考虑好平台系统的后期运营和维护，协助平台管理部门建立长效机制，使该系统平台长久地发挥作用。

充分利用云计算技术，构建内容与服务一体化的“民族文化资源云”，根据实际情况对“校园端”进行扩展建设，建设开放透明的非物质文化遗产资源数据库，使用户能很容易地检索各种资料信息，达到用户在线互动学习的后台运行能力，形成自主学习社区、个性化学习区等板块。用户只需打开电脑、手机、平板电脑，随时随地可以享受传统美术、民间文学、传统技艺和民俗等文化资源，使其成为公众“身边的文化”，见图1-9。

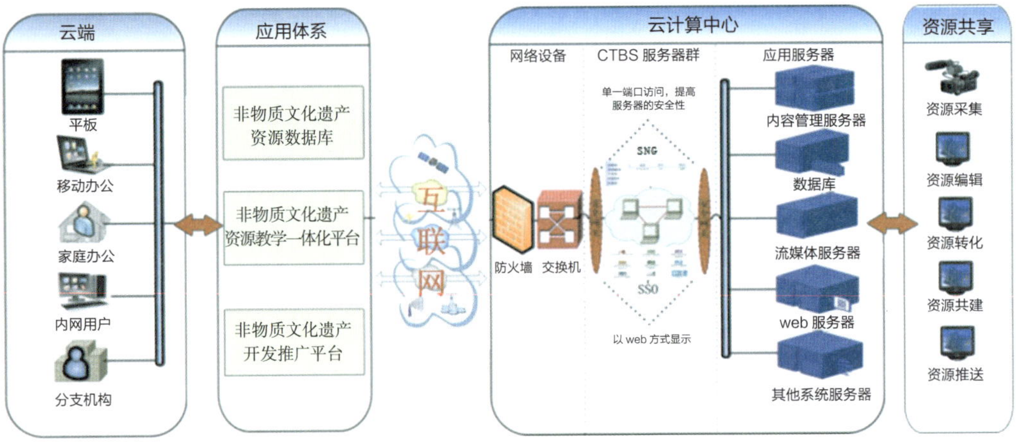

图 1-9　资源库云服务平台

（三）“中华老字号”文化子库

老字号是中华民族文化的瑰宝，承载了东方的经营智慧和商业文化，创造了宝贵的非物质文化遗产，是我国民族文化多样性的重要体现。我国现存老字号5000余家，其中具有发展活力的有1600余家，2006年、2010年商务部已先后认定中华老字号企业779家。“国药”同仁堂、“国酒”茅台、“国宴”全聚德等老字号享誉中外。

面向全国高职院校文科类以及轻纺食品、农业技术、医药卫生、生化与药品、艺术设计与传媒等专业师生、数百家老字号企业在职职工和社会学习者，开发“中华老字号文化传承与创新”优质共享资源库，内容包括中华老字号文化传承与创新实施方案、老字号企业史料中心、老字号文化课程中心、老字号文化数字博物馆、老字号互动社区五部分，见图1-10。

利用计算机技术、多媒体技术、虚拟现实技术等现代信息技术，采用高等教育出版社数字化学习资源中心（共享平台），提供资源检索、信息查询、资料下载、教学指导、学

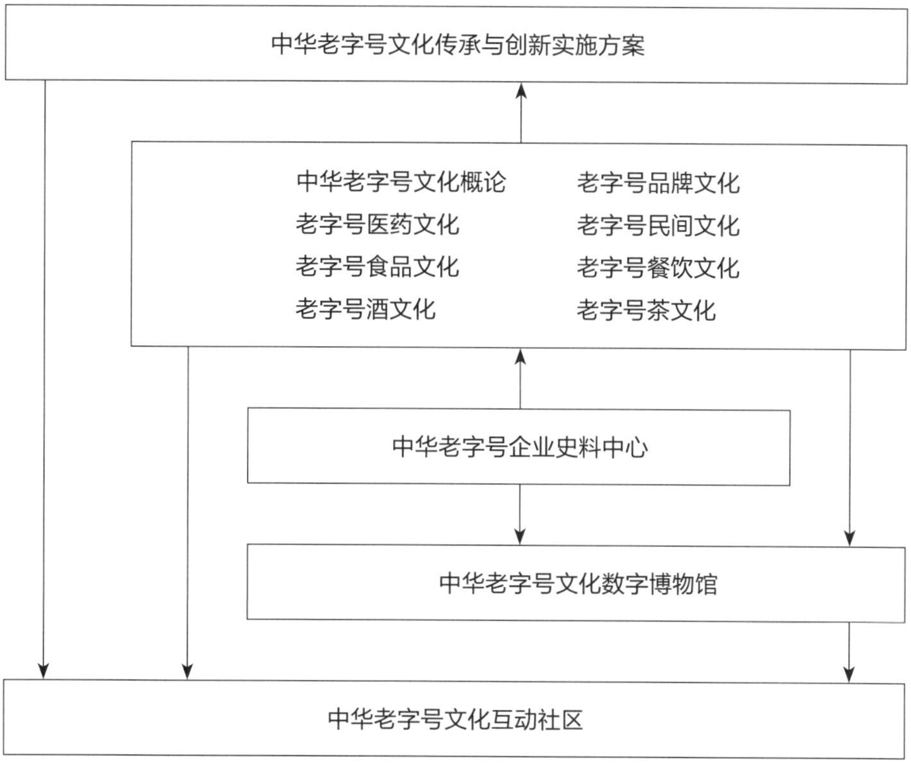

图 1-10　中华老字号文化子项目数字化资源整体架构图

习咨询、讨论答疑服务，支持10万人同时在线、每日100万人次访问量。

1．中华老字号文化传承与创新实施方案

开发面向高职院校文科类以及轻纺食品、农业技术、医药卫生、生化与药品、艺术设计与传媒等专业中华老字号文化教学指导方案，开发老字号企业管理专业（订单培养）人才培养实施方案，收集相关法规、行业技术标准与规范，撰写老字号文化人才需求调研报告，编制老字号文化知识竞赛实施方案。建设内容与监测指标见表1-8。

表1-8　中华老字号文化传承与创新实施方案建设内容与监测指标

序号	教学资源形式	内　容	完成数量指标
1	电子文件	中华老字号文化传承与创新实施方案	2套
2	电子文件	相关法规、行业技术标准与规范	20个以上
3	电子文件	老字号文化人才需求调研报告	1套
4	电子文件	老字号文化知识竞赛实施方案	1套

负 责 人：吕一中（北京财贸职业学院副院长，教授）

开发人员：吴崑、田志英　等

2. 中华老字号企业史料中心

依据商务部认定的中华老字号目录，以百余家有代表性的中华老字号企业的历史渊源、传承人物、传奇故事、核心品牌、传统工艺、企业文化、经营战略等为主要内容，以文字描述、访谈纪要、历史照片、图表、动画、视频等资料形式建设史料库，为中华老字号文化课程开发、中华老字号文化数字博物馆开发奠定基础。建设内容与监测指标见表1-9。

表1-9　中华老字号企业史料中心建设内容与监测指标

序号	教学资源形式	内　容	完成数量指标
1	数据库	按中华老字号企业建立数据库	100家以上
2	文字	反映历史渊源、传承人物、传奇故事、核心品牌、传统工艺、企业文化、经营战略等文字资料	100万字以上
3	图片	反映企业生产工具、生产对象、生产场景等内容的图片资料	500张以上
4	视频	反映实地探访、人物访谈、情境再现、实物展示等视频资料	600分钟以上

企业顾问：姜俊贤（中华老字号工作委员会副主任，北京老字号协会会长）

负 责 人：赖阳（北京财贸职业学院，商业研究所所长、研究员）

开发人员：李馥佳、康健、韩凝春、胡昕、赵挺　等

3. 中华老字号概论文化课程资源

老字号是老字号企业历经时代变迁、风云变幻，在生产过程中历练起来的、一脉相承的文化瑰宝。依据典型老字号的店训、商标、牌匾、格言、对联等史料，提炼总结老字号企业仁爱、诚信、责任、同和、开放、敢为等价值观念，旨在传承弘扬老字号优秀文化、推进中华民族文化的振兴、探索社会主义核心价值观教育的新途径。本课程是文科类以及轻纺食品、农业技术、医药卫生、生化与药品类专业高职学生的一门公共课程，也适用于老字号企业职工培训和社会工作者学习。

负 责 人：王茹芹（全国职业教育教学指导委员会副主任，教授）

开发人员：姜韵宜、赖阳、胡昕、王春娟、王琦、杨少宣　等

4. 中华老字号品牌文化课程资源

通过对老字号品牌文化理念、形成属性、价值基本构成、价值形成、发展案例和价值评价的学习，力求使高职学生了解中华老字号历久弥新、不断创新发展的价值所在，了解

老字号品牌价值的形成机理，把握老字号品牌的社会价值、文化价值和市场价值，促进老字号品牌创新发展。本课程是文科类以及轻纺食品、农业技术、医药卫生、生化与药品类专业高职学生的一门公共课程，也适用于老字号企业职工培训和广大社会工作者学习。

负 责 人：王成荣（北京财贸职业学院院长、教授）

开发人员：韩凝春、黄爱光、王玉军、梁毅炜　等

5．中华老字号中药文化课程资源

“国药”同仁堂等中药中华老字号文化享誉世界。掌握中华老字号中药的种类、品牌、历史、特征和健身养生之道，通过对著名中华老字号医药的案例分析，使学生掌握老字号中药文化的精髓，了解中药的作用与用法，培养学生诚信、敬业的道德观念，促进中药行业中华老字号企业创新发展。本课程是药学、制药技术、食品药品管理、工商管理及相关专业高职学生的一门公共课，也适用于制药、保健行业职业培训和广大社会工作者。

企业顾问：陆建国（中国同仁堂有限责任公司党委副书记）

负 责 人：谭开键（重庆三峡医药高等专科学校药学系党支部书记）

开发人员：沈力、李文辉、江荣高、纪昌宁　等

6．中华老字号民间工艺文化课程资源

掌握中华老字号民间工艺美术的历史、种类、品牌、特征和技艺，通过中华老字号民族工艺美术案例分析，使学生掌握老字号民间工艺文化的精髓，了解民间工艺品技艺文化，促进工艺美术行业中华老字号企业创新发展。本课程是艺术设计、旅游、工商管理、市场营销及相关专业高职学生的一门公共课，也适用于艺术设计职业培训和广大社会工作者。

企业顾问：王作言（中国商业文化研究会副会长）

负 责 人：张翠玲（广州番禺职业技术学院副教授）

7．中华老字号食品文化课程资源

中华老字号食品包括食品加工、肉类加工、酱油、食醋、调味品等，享有盛名的中华老字号有六必居酱菜、王致和腐乳、五芳斋粽子、山西平遥牛肉、山西宁化府益源庆食醋等。掌握中华老字号食品的种类、品牌、历史、特征和经营方略，通过对食品行业著名中华老字号的案例分析，使学生掌握老字号食品文化的精髓，了解特色食品的制作技艺文化，培养学生高尚的道德情操，树立正确的价值观，促进餐饮行业中华老字号企业创新发展。本课程是食品、旅游、工商管理、市场营销及相关专业高职学生的一门公共课，也适用于食品行业职业培训和广大社会工作者。

企业顾问：刘建生（山西大学经济与工商管理学院院长，教授）

　　　　　张丽霞（太原市宁化府益源庆醋业有限公司主任）

负 责 人：赵丽生（山西省财政税务专科学校副校长，教授）

开发人员：高薇、谢红霞、段喜莲　等

8．中华老字号餐饮文化课程资源

中华老字号餐饮文化源远流长、享誉世界。掌握中华老字号餐饮的菜系、名菜、历史、特征和经营之道，通过对餐饮行业著名中华老字号的案例分析，使学生掌握老字号餐饮文化的精髓，了解特色菜系的制作技艺文化，提升学生的综合素质，促进餐饮行业中华老字号企业的创新发展。本课程是烹饪营养与管理、酒店管理、旅游管理以及财经大类专业高职学生的一门公共课，也适用于餐饮行业职业培训和广大社会工作者。

企业顾问：邢颖（全聚德股份有限公司总经理，副教授）

负 责 人：朱莉（北京联合大学旅游学院餐饮管理系主任）

开发人员：李白、高山、修宇、乔支红　等

9．中华老字号酒文化课程资源

中国是酒的故乡，酒文化是中华民族五千年历史文化中最灿烂的一颗明珠。了解中华酒业的发展历史、名酒品类、酿造、调配、品鉴等酒文化，通过对中华老字号名酒的案例分析，使学生掌握老字号酒文化的精髓，了解酿酒工艺和调酒技艺，发挥酒文化对社会生活的积极作用。本课程是酿酒技术、酒店管理、旅游管理以及财经大类专业高职学生的一门公共课，也适用于酿酒、餐饮等行业职业培训和广大社会工作者。

企业顾问：沈才洪（泸州老窖股份有限公司副总经理）

负 责 人：李高伟（四川财经职业学院院长，教授）

开发人员：王瑶、刘瑶、冯一娜、牟红　等

10．中华老字号茶文化课程资源

中国人民历来就有“客来敬茶”的习俗，充分反映出中华民族的文明和礼仪。了解中华茶文化的历史渊源、茶叶分类、窨制、品评等茶文化，通过对中华老字号名茶的案例分析，掌握茶文化的功效、传播路径、传播方式与应用艺术，学会以茶文化为载体传播和光大中华传统文化、文明礼仪，推广以茶养性、提升修养，倡导以茶会友、高雅交流，推介茶叶名企，促进相关企业创新发展。本课程是茶艺、茶叶加工与营销、旅游管理以及财经大类专业高职学生的一门公共课，也适用于茶艺、旅游等行业职业培训和广大社会工作者。

企业顾问：顾公新（安徽茶叶进出口公司经理，高级工程师）

　　　　　李琳琦（安徽师范大学副校长，教授）

负 责 人：耿金岭（安徽财贸职业学院院长，教授）

开发人员：廖新、朱玫林、廖步岩、黄荣辉　等

共计完成8门课程资源包（含培训资源包）开发，利用高等教育出版社数字化学习资源中心（共享平台）搭建8门课程资源（精品资源共享课）。每门资源共享课的具体内容及数量见表1-10。

表1-10 中华老字号文化课程资源建设内容与监测指标

序号	教学资源形式	内 容	完成数量指标
1	网络课程	形成完整的结构化课程资源，包括全部演示文稿PPT、部分教学录像、积件包（集成图片、动画、视频等素材）、习题、论坛等内容	分别建立用于职业院校和企业职业培训的网络课程
2	课程概要	课程简介、教学大纲、教学日历、课程导学等	2万字以上
3	电子书	分单元按规定体例编写，图文并茂	20万字以上
4	案 例	典型中华老字号企业案例，图文并茂	10～20个
5	积 件	图文并茂，采用SCORM 1.2或SCORM 2004规范制作	30个以上积件
6	图 片	反映企业生产工具、生产对象、生产场景等内容的图片，独立导入到素材库	50幅以上
7	动 画	展现历史故事、典型事件、业务流程、工作过程等内容的动画，独立导入到素材库	10个以上
8	视 频	展现生产过程、新闻纪实、操作示范等内容的视频（微课不少于3个），独立导入到素材库	70分钟以上
9	练习题	针对企业案例分析编制讨论题，每个案例2～3个讨论题；针对教学内容编写选择、判断、知识问答等知识题，导入平台测评系统	讨论题20道以上， 知识题150道以上
10	演示文稿	按教学任务编制，独立导入到素材库	8个以上

根据国家级精品资源共享课建设技术要求，结合本类课程特点，每门课程设计10类资源（原始素材资源引用史料中心）。共计网络课程8门（总字数160万字以上），课程概要8套，企业案例80个以上，图片总数400张以上，动画总数80个以上，视频总时长560分钟以上，讨论题总数160个以上，客观题总数1200道以上，电子演示文稿总数60个以上。

按照行动导向的教学模式，建立各门网络课程的资源组织结构。见图1-11。

11．中华老字号文化数字博物馆

以老字号史料为基础，以老字号企业的建筑环境、传承人物、产品技艺、诚信服务为主要元素，利用虚拟现实技术、多媒体技术，建立虚拟博物馆，再现老字号历史文化风貌。建设内容与监测指标见表1-11。

- 课程概要
- 单元 1　XXX
    - 单元概要 / 演示文稿
    - 主题 1.1
        - 学习内容
            - 情境引例（文本、图片、动画、视频等）
            - 学习任务（文本）
            - 内容讲解（文本、图表、动画、视频等）
        - 互动交流
            - 问题讨论 / 社会实践
        - 网上测试
            - 知识测试
        - 展示评价
    - ……
- 单元 2　XXX
    - 单元概要 / 演示文稿
    - 主题 2.1
        - 学习内容
            - 案例背景（文本、图片、动画、视频等）
            - 案例描述（文本、图片、动画、视频等）
            - 案例分析（文本、图表等）
        - 互动交流
            - 问题讨论
        - 网上测试
            - 知识测试 / 技艺测试
        - 展示评价
    - ……
- 综合测试
- 拓展学习

图 1–11　网络课程的资源组织结构图

表1-11　中华老字号文化数字博物馆建设内容与监测指标

序号	教学资源形式	内　容	完成数量指标
1	虚拟现实	建立老字号中药文化、老字号民间工艺文化、老字号食品文化、老字号餐饮文化、老字号酒文化、老字号茶文化等展示区	6个功能区
2	文　字	史料库对应内容提纲	2万字以上
3	图　片	史料库对应内容精选	120幅以上

顾　　问：魏明孔（中国社会科学院经济研究所研究员）

陆建国（中国同仁堂有限责任公司党委副书记）

负 责 人：孙万军（北京财贸职业学院信息中心主任、教授）

开发人员：江秀叶、杨丹、范嵩、黎伟、王晓瑜　等

12．老字号文化互动社区

利用高等教育出版社技术平台建立一个老字号文化互动社区，包括政策信息、经验推广、知识积累与分享、网络论坛、大师讲堂等频道。建设内容与监测指标见表1-12。

表1-12　老字号文化互动社区建设内容与监测指标

序号	教学资源形式	内　容	完成数量指标
1	政策信息	发布相关政策信息	20个以上
2	经验推广	推广老字号先进经验	20个以上
3	知识积累与分享	建立知识库，加入知识条目，提供知识积累与分享服务	100条以上
4	网络论坛	开设网上论坛，发布帖子，开展政府、行业、企业、学校之间的互动交流	50个以上帖子
5	大师讲堂	老字号企业专家、大师简短视频，每个微课3～10分钟	20个以上

技术顾问：徐刚（高等教育出版社高职事业部主任，编审）

负 责 人：李宇红（北京财贸职业学院院长助理，教授）

开发人员：平若媛、孙刚凝、赵挺、张彦成　等

（四）“中华刺绣”子库

根据资源的层级及功能，中华刺绣资源库可以划分为四大板块，即素材中心、网上学堂、推广中心和学习社区。素材中心以文本、图形、图像、视频、音频、动画等形式提供碎片化资源；按照一定规律和逻辑顺序精选素材，集成为“专业建设馆”“网络课程馆”“职业培训馆”“新湘绣馆”和“刺绣博物馆”。其中“专业建设馆”“网络课程馆”“职业培训馆”构成“网上学堂”，提供优质的专业资源、学历教育资源和职业培训资源；“新湘绣馆”和“刺绣博物馆”构成“推广中心”，既为专业教学提供丰富的拓展资源，又能促进湘绣新技法新工艺的推广和刺绣文化的传承传播。利用现代信息化技术，中华刺绣资源库能满足广大用户在线教学、自主学习、在线辅导、在线测试、互动交流、就业支持等多样化的需求，形成一个泛在、互动、共享的学习社区；而用户在个性化学习中，又不断丰富素材中心，促进资源的持续更新。这样，素材中心、网上学堂、推广中心和学习社区四大板块构成一个良性循环的资源库体系。建设“五馆一中心”，打造丰富优质的资源体系。见图1-12。

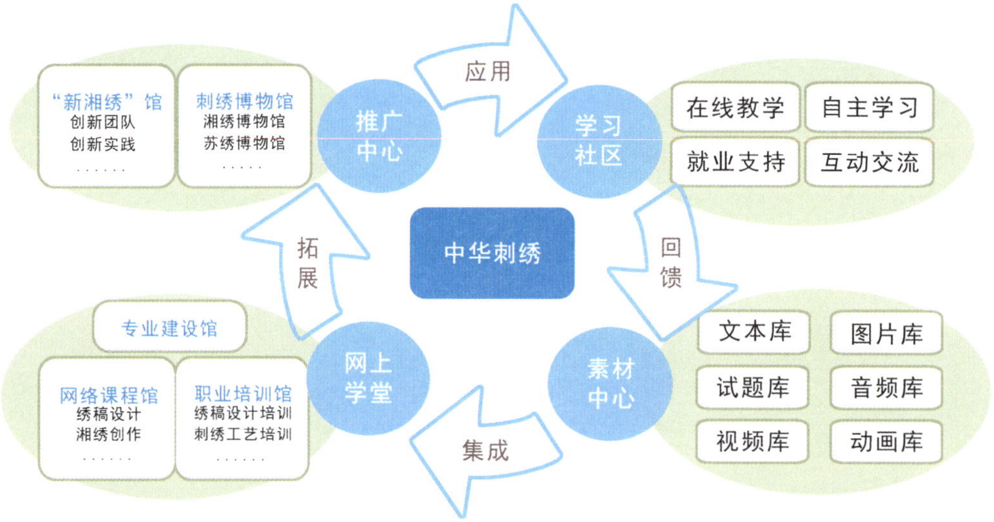

图1-12　中华刺绣子项目资源整体设计图

1. 专业建设馆

专业建设馆内容包括专业介绍、行业企业调研报告、职业岗位分析、职业标准、人才培养方案、实践教学条件、师资信息、政策法规、专业建设动态、就业信息等，使资源库用户熟知本专业和即将从事的职业，为专业及专业群的建设提供指导和借鉴经验，为学生和员工规划职业成长路径提供直接依据，帮助他们合理规划职业生涯。见表1-13。

表1-13　专业建设馆开发计划表

序号	建设内容	资源描述	功能
1	专业介绍	包括专业名称、专业代码、教育类型、学历层次、学制、生源、就业面向、培养目标及规格、发展历史、专业特色等	1. 使用户了解、熟悉本专业和即将从事的职业； 2. 指导专业及专业群建设； 3. 帮助学生和员工合理规划职业生涯
2	调研报告	包括调研目的、调研方法、调研内容、调研结论等部分，分析产业现状和发展趋势、企业人才需求状况等	
3	职业岗位分析	设计岗位、工艺岗位等职业岗位能力分析	
4	职业标准	介绍技术标准、手绣制作工职业标准等职业规范	
5	人才培养方案	分年度介绍相关专业的人才培养方案	
6	实践教学条件	主要运用图片、文本等形式介绍相关专业实训场地、实训设备等情况	
7	师资信息	建立刺绣大师、企业专家、能工巧匠等兼职教师信息库	
8	政策法规	介绍有关刺绣行业的政策、法规、制度、文件等	
9	专业建设动态	介绍相关专业的建设动态、建设成效等	
10	就业信息	含企业招聘信息、就业指导、毕业生风采等	

2. 网络课程馆

（1）网络课程馆整体构架

按照普适性与特色化相结合的原则，以湘绣设计与工艺专业核心课程为主，兼顾苏绣专业、蜀绣专业和粤绣专业，拟建6门网络精品课程——《中外工艺美术史》《绣稿设计（一）》《绣稿设计（二）》《湘绣技法》《湘绣制作（一）》和《湘绣制作（二）》，其中《中外工艺美术史》《绣稿设计（一）》《绣稿设计（二）》为刺绣类专业的普适性课程，《湘绣技法》《湘绣制作（一）》《湘绣制作（二）》为湘绣设计与工艺专业的特色化核心课程。

每门课程的建设内容包括课程概要层资源、教学单元层资源和拓展型资源，主要包括课程介绍、课程标准、授课计划、课程考核、教学录像、演示文稿、电子教案、习题作业、实训动画、电子教材、在线测试、课程成果、拓展资源等课程要素，打造教师备课、教学平台和学生自主学习平台。资源建设内涵要求详见表1-14。

表1-14　网络课程馆建设计划表

建设内容	资源描述	功　能
课程介绍	含课程目标、课程性质与定位、课程设计思路、与前后续课程关系、课程特色、教学条件等	1. 教师备课、教学的平台； 2. 学生自主学习的平台
课程标准	含课程的教学目的、教学任务、教学内容结构、教学活动以及教学方法上的基本要求等	
授课计划	根据专业人才培养方案制定授课计划，对本课程教学做出整体安排	
课程考核	含考核方式、考核标准等	
教学录像	含大师工艺技法指导视频、教师教学录像等	
演示文稿	以课程单元为单位开发配套的教学多媒体课件，要求内容全面、素材多样、充分体现现代化教学技术手段的运用	
电子教案	以课程单元为单位制作全套电子教案，内容涵盖教学目标与要求、重点、难点、教学设计、教学过程等	
习题作业	每个课程单元布置相应的理论习题或实训任务	
实训动画	开发典型工艺流程、复杂针法技法的动画教学资源	
电子教材	体现高职院校工学结合、教学做一体的应用型人才培养特色	
在线测试	以课程为单位开发课程题库，通过网络技术，实现在线测试、自动评分、题目讲解等功能，帮助用户进行课程自学	
课程成果	含在校生学习该课程的作品照片、课程实训总结等	
拓展资源	含与课程相关的参考书籍、相关精品课程网站、世界大学城主题特色空间等	

（2）网络课程建设示例

根据湘绣设计与工艺专业人才培养方案和课程标准，将文本、视频、音频、动画、图片、习题等素材组合成一门门优质网络课程，以《湘绣技法》课程为例，其资源建设详见表1-15。

表1-15《湘绣技法》资源建设计划表

建设内容	资源名称	资源类型	资源数量
课程设置	《湘绣技法课程设置》	文本	1

续表

建设内容	资源名称	资源类型	资源数量
课程标准	《湘绣技法课程标准》	文本	1
授课计划	《湘绣技法授课计划》	文本	1
电子教案	1.《第一次课：湘绣工序基础》 2.《第二次课：花卉类湘绣刺绣方法》 3.《第三次课：山水风景类刺绣方法》 4.《第四次课：翎毛类动物湘绣刺绣方法》 5.《第五次课：动物类湘绣刺绣方法》 6.《第六次课：人物类湘绣刺绣方法》 7.《第七次课：课程讲评》	文本	7
教学课件	1.《第一次课：湘绣工序基础》 2.《第二次课：花卉类湘绣刺绣方法》 3.《第三次课：山水风景类刺绣方法》 4.《第四次课：翎毛类动物湘绣刺绣方法》 5.《第五次课：动物类湘绣刺绣方法》 6.《第六次课：人物类湘绣刺绣方法》 7.《第七次课：课程讲评》	课件	7
教学视频	1.中国工艺美术大师、湘绣代表性传承人刘爱云湘绣技法指导视频集： 《第一集　德艺双馨刘爱云》 《第二集　直针、帘针、铺针、刻鳞针》 《第三集　掺针、齐边针》 《第四集　松针、打籽针、柳针》 《第五集　鬅毛针》 2.学生湘绣技法现场表演视频	视频	8
电子教材	校本教材《湘绣技法》，编者：刘爱云、唐利群	书稿	1
实训方案	《实训一：湘绣工序基础练习》（通过对配线、劈线、上绷等流程的学习，熟练掌握湘绣工序基础流程的操作） 《实训二：花卉类湘绣刺绣技法》（通过荷花、牡丹等花卉刺绣技法的学习，掌握花卉刺绣的基本针法） 《实训三：山水风景类刺绣技法》（通过山、水、松树等的刺绣技法的学习，掌握山水风景刺绣的基本针法） 《实训四：翎毛类动物湘绣刺绣技法》（通过对鹰、孔雀等的刺绣技法的学习，掌握翎毛类动物刺绣的基本针法） 《实训五：动物类湘绣刺绣技法》（通过对猫、老虎等刺绣技法的学习，掌握动物类刺绣的基本针法） 《实训六：人物类湘绣刺绣技法》（通过对人物脸部五官、头发、着装等刺绣技法的学习，掌握人物类湘绣基本针法）	文本	6
实训动画	1.《掺针和刻鳞针演示》 2.《叶片的绣制》 3.《湘绣绝技鬅毛针演示》 4.《松枝的绣制》 5.《呢服的绣制》	动画	5
课程考核	1.《湘绣技法考核方式》 2.《湘绣技法考核标准》 3.《湘绣技法成绩单》	文本	3

续表

建设内容	资源名称	资源类型	资源数量
在线测试	1. 湘绣技法试题 2. 湘绣技法在线测试平台	文本、程序	200
课程成果	1. 实训作品 2. 实训报告	图片	50
拓展资源	1.《湘绣技法》院级精品课程网站 2.《刺绣经纬》主题特色空间	网站	2
合 计		292	

（3）“网络课程馆”的运用

①教师教学

“网络课程馆”为教师搭建了一个在线教学的平台。通过这个平台，教师按照课程标准和要求，对该课程教学进行统筹安排和整体设计。课堂上，调用“课程馆”中的演示文稿，引导学生掌握课程理论知识；利用“课程馆”中的具体实训方案，引导学生掌握实训技巧，提升职业技能；调用辅助教学视频和动画等优质资源，寓教于乐，突破教学重点和难点。课程讲评阶段，学生将课程作业等成果上传“课程馆”，进行作品展播，教师点评，学生互评，交流心得，巩固和拓展课程教学效果。

②学生自学

“网络课程馆”也为学生、湘绣从业人员、社会人员提供了一个自主学习的平台。进入每门课程，点击“课程介绍”“课程标准”“授课计划”“课程考核”等栏目，整体了解该课程的学习要求；在“演示文稿”“电子教案”“实训方案”“教学录像”“实训动画”等引导下，用户能根据自己的学习进度和学习兴趣自学该课程的相关知识点；在自学过程中，如有疑惑，可通过互动交流系统向教师提问咨询，教师在线答疑辅导；课程学毕，用户进入“在线测试”栏目，自主检测学习成效。每门课程设计了“拓展资源”栏目，以丰富课程知识，开阔用户专业视野。

3．职业培训馆

充分发挥现代网络技术优势，以职业能力培养为核心，以工作岗位培训为目标，校行企联合开发绣稿设计培训、新工艺新技法培训和手绣制作工鉴定培训等培训包。每个培训包包含培训方案、培训教材、演示文稿、培训考核等资源，具备资源查询、下载、学习及自测等功能，为用户的个人职业技能提升和终身教育提供支持。

4．“新湘绣”馆

湖南工艺美术职业学院致力于湘绣的传承与创新，从绣稿创新、针法创新、技法创新、材料创新、装裱创新、应用创新等方面全力打造“新湘绣”，已研发出300余幅“新湘绣”作品。学院将进一步充实艺术创新研究会的力量，加大创新研发力度，并整合行业企业的新产品、新工艺、新技术等，打造资源动态更新的“新湘绣”馆，搭建校企技术交流合作的平台，促进刺绣产品的升级换代，引领产业创新发展的方向。见表1-16。

表1-16 “新湘绣”馆建设计划表

序号	建设内容	资源描述	功能
1	团队介绍	1.提供原创绣稿的知名艺术家方立均、岳敏君、毛焰、杜炜等的介绍； 2.学院艺术创新研究会成员介绍； 3.学院工艺创新团队成员介绍	1. 开阔师生专业视野，提供教与学的创新性资源； 2. 在线推荐“新湘绣”，引领产业发展方向
2	创新实践	1.绣稿创新实践； 2.工艺技法创新实践； 3.材质创新实践； 4.应用领域创新实践 ……	
3	理论研究	1.“新湘绣”文章； 2.“新湘绣”课题； 3.“新湘绣”著作	
4	高峰论坛	学院每年举办“湘绣创新与发展高峰论坛”的系列资料，包括大师与专家的发言稿、现场照片、现场录像、媒体报道等	
5	新湘绣展厅	集中展示新湘绣中表现传统湘绣掺针绣尤其是鬅毛针刺绣的经典作品、当代画家授权绣制的作品、湘绣衍生设计精品等湘绣创新作品	
6	新湘绣荣誉	“新湘绣”作品获得国家级、省级大奖情况	
7	巡展网播	在长沙、天津、香港等地举办“新湘绣”巡展的现场照片、现场录像和新闻报道等	

5. 刺绣博物馆

在进行中华刺绣普查、建立各绣种数字化档案的基础上，以图片、文本、书稿、动画、视频等形式高度概括中华刺绣艺术史，打造资源丰富、特色鲜明、动态更新的刺绣博物馆，不仅补充教学资源、拓展师生专业视野，也为社会积累宝贵的刺绣文化资料，促进刺绣文化传播，提升刺绣知名度。

建设期内，拟重点建设湘绣博物馆，将收集整理的湘绣历史沿革资料、湘绣工艺技法录像、湘绣历代经典绣品图片、湘绣针法绣片、湘绣文献书籍、历代大师情况介绍等资料实现网络共享；持续收集整理苏绣、粤绣和蜀绣等各绣种资源，拟在后续建设中建成苏绣博物馆、蜀绣博物馆和粤绣博物馆等子馆，不断充实、更新中华刺绣博物馆。

6. 素材中心

根据资源库用户对资源内容、表现形式、技术水平、交互性能等的需求，素材中心拟建文本素材500个以上、图片3500幅以上、音频50个以上、视频50个以上、动画10个以上、习题1000道以上，构建内容丰富、分类清晰、搜索便捷的文本库、图形图像库、音频库、视频库、动画库和试题库，既为“五馆”提供源素材，又便于用户独立检索、集成创新、直接使用和消化吸收。

六、建设步骤

建设分为前期研究与调研、顶层设计、资源建设、运行调试、推广应用、后续建设等六个步骤。

（一）前期研究与调研（2012年11月～2013年3月）

文献研究：全方位收集传统艺术文化发展的文献资料，分析现有成果和经验，为资源库建设提供框架结构和方法论的支持。

比较分析：将传统文化产业、现代文化产业及国际文化产业的发展过程进行比较，总结文化产业建设经验，为成果转化提供机制转化和模式运营的支持。

调研：对“中国传统金属及泥塑工艺美术”“中华老字号”“中华刺绣”的保护与传承开展广泛调研，精心挑选几个具有代表性的对象，如景泰蓝、北京兔儿爷、中国四大及四小名绣等非遗技艺及具有发展活力的几百家中华老字号，进行深入详细研究，完成非遗保护模式、传承方式、创新途径的分析。对企业、学校、毕业生进行调研，同时采集行业调研信息，完成民族文化传承与创新相关专业、经济管理专业群职业能力分析报告，作为资源建设、专业建设和课程开发的依据。

（二）顶层设计阶段（2013年4月～2013年9月）

遵循职业教育教学规律，从职业岗位分析出发，搭建“平台+模块”的基于职业、技术和技能的能力目标课程体系。将民族传统文化整理成规范、系统、科学的教学标准，按行业规范和职业标准，应用数字媒体技术，转化成数字化的教育教学资源。面向职业教育和文创产业，开发课程、教材、创新成果资源，并向产业转化，把民族传统文化从平面传播保护向交互立体化传承、主动式创新转化，构建资源建设标准。

（三）资源建设阶段（2013年10月～2014年10月）

按行业技术规范，完成三个子库资源素材的采集、整理和归纳，完成“中国传统金属及泥塑工艺美术”“中华老字号”“中华刺绣”三个子库的建设。

遵循职业教育教学规律，按照职业标准，应用数字媒体技术，把非物质文化遗产资源转化成数字化的教育教学资源，完成各种专业级的标准资源、岗位资源、培训资源、素材资源、就业指导资源的建设。

完成20余部与非物质文化遗产传承与创新相关的教材或专著。

搭建“平台+模块”的基于职业、技术和技能的能力目标课程体系，以数字化的非物质文化遗产资源为教学载体，系统开发20余门民族文化传承创新方面的通识课程、专业技术课程、专业方向课程。

（四）运行调试阶段（2014年11月~2014年12月）

整合各类素材与数字化转化教学资源建设，并上传至高等教育出版社的资源库系统平台，通过对各类资源的调试与应用，不断提高使用效率。

（五）推广应用阶段（2015年1月~2015年3月）

组织全国各职业院校骨干教师开展资源推广应用培训，介绍民族文化传承与创新资源库平台架构与资源栏目，进行专业课程示范教学，指导全国各职业院校开展教学模式、教学方法改革和资源检索、合成、应用及成果转化，在全国各职业院校、文化创意及相关行业企业推广应用资源库。

（六）后续建设阶段（2015年3月~）

对资源库试运行情况进行问卷调查，分析试运行过程中的问题，修订建设方案。根据民族文化传承创新的实际情况及文化创意行业企业的变化，不断完善教学资源库。

七、措施保障

（一）组织保障

1．建立项目建设领导小组，指导项目顶层设计与资源建设

成立由文化部非遗司和民族文化领域、中国工艺美术大师和高等职业教育领域著名的专家学者组成的“项目建设指导小组”，规范、确定资源建设计划及标准，实施建设过程的监控，保证资源库建设质量。

2．成立项目建设办公室，对各子项目实施过程监控

成立项目建设管理办公室，设在北京电子科技职业学院。作为建设单位的执行机构，办公室具体负责制定项目总体建设方案，负责项目建设的协调与组织，并对各子项目的建设进度与质量进行管理与监控。

3．成立子项目建设指导小组，组织与管理子项目建设

实行子项目建设负责制，由政府部门、相关企业、行业领域专家组成子项目建设专业指导小组，对资源库子项目建设、资金的筹措和执行提供咨询，并统筹、协调、指导建设工作；对本单位负责建设的各项任务进行组织、管理与质量监督。各子项目负责单位需与参与资源库建设的院校、政府部门或行业企业签署相关建设责任书。子项目建设专业指导小组主要履行以下职责：

（1）按照教育部及本办法的要求，对资源库子项目建设计划、建设标准提供咨询；

（2）按照批复的项目建设方案和任务书确定的建设内容，统筹、协调、指导建设工作；

（3）按照有关财务制度及本办法规定，对项目建设资金的筹措和执行提供咨询；

（4）对资源库建设过程实施指导，保障资源库资源建设的标准化、职业化、国际化特色。

4．组建子项目开发团队，负责子项目的具体实施

各子项目联合国内实力强的相关职业院校和知名行业企业，由行业领域专家、企业设计师、学校专业骨干教师共同组成项目团队，形成由指导层、操作层组成的项目建设梯队，负责资源库素材开发与课程建设，主要履行以下职责：

（1）进行资源库建设前期调研和相关准备工作，按照建设计划中具体的分工安排开展工作任务；

（2）各子项目负责单位需与参与资源库建设的院校、政府部门或行业企业签署相关建设责任书；

（3）按照项目建设方案和任务书确定的建设内容，进行项目建设实施；

（4）进行项目实施过程督导监控，保证资源库建设质量；

（5）定期参加资源库项目建设管理办公室组织的联席会议，及时沟通工作进展状况；

（6）对完成的项目建设进行定期的汇报、总结和修改；

（7）组织子项目的建设成果验收工作。

详细内容见附件10《国家级民族文化传承与创新专业教学资源库建设项目管理组织机构》

（二）资金保障

1．资金投入

确保配套建设经费按时到位，各联合建设单位保证在人力、物力、财力方面全力支持，各参与院校保证核心课程的建设经费给以配套支持，保障建设任务按时保质完成。项目总资金1225万元，其中，中央财政支持650万元，地方投入575万元，三个子项目资金分配见表1-17。

表1-17　项目资金分配表

学　校	承担任务	总资金（万元）	中央财政（万元）	地方财政（万元）
北京电子科技职业学院	项目主持单位 “中国传统金属及泥塑工艺美术” 资源子项目	600	300	300
北京财贸职业学院	“中华老字号”资源子项目	350	175	175
湖南工艺美术职业学院	“中华刺绣”资源子项目	275	175	100
合　计		1225	650	575

2. 资金管理

在经费使用过程中，各单位将严格按照《教育部财政部关于国家示范性高等职业院校建设计划管理暂行办法的通知》（教高［2007］12号）《民族文化传承与创新专业教学资源库建设项目资金管理办法》等文件要求，严格按照项目建设投资计划支出，实行全程管理，合理有效使用各项建设经费，对经费使用严格把关，按照规定用途，在规定的使用范围和额度内合法合理地使用。各子项目承建单位按照项目资金使用额度对所管辖的建设项目专项资金进行日常管理，对经费使用和报销进行认真审批，确保各项建设资金的使用规范、合理，保障项目建设经费实行专款专用，发挥资金使用的最大效益。

（三）管理保障

1. 实施制度管理

制定《民族文化传承创新专业教学资源库建设项目管理办法》，实行目标责任管理，明确各级项目建设参与者的任务、要求、责任，并对建设项目各环节的实施与检查做出规定，保障项目建设有序、高效开展。

2. 进行分期检查

建立项目建设分期检查制度，对项目建设实行过程监控和动态管理。管理委员会根据检查情况向各项目组进行反馈，并向项目建设指导小组和各联合建设单位通报。

3. 实行定期考核

制定《民族文化传承创新专业教学资源库建设项目绩效考核办法》，建立责权利统一的激励机制，设立项目建设专项奖励基金，对各子项目建设过程和结果进行绩效考核及奖惩。

（四）政策保障

1．政府支持

项目申报和建设得到了文化部非遗司及各省文化厅局的大力支持，通过政校企行合作，将国家级非遗资源转化为职业教育教学资源，并将教学成果转化、开发，为社会、行业企业民族文化传承创新提供资源服务。

2．资源保障

在教育部职成司高职高专处的指导和帮助下，牵头学校与中国文化传媒集团山水笛声动画设计（北京）公司策划的“百城百校”活动，为资源库建设提供必需的社会资源、人力资源和硬件设备。

3．政校企行合作

牵头学校作为国家高职教育综合改革试验区建设单位，搭建了政校企行合作的机制平台，与本项目建设联动共享、互为补充，提升资源库建设水平。

4．协同保障

项目的联合院校及合作企业区域分布合理，各联合院校及合作企业负责人承诺对本项目建设给予全力支持，并负责在本区域内推广使用该资源库。

（五）运营保障

1．运营机制

由我校、合作院校、合作企业共同组建运营团队，运用部分经费设计运营模式，保障资源库的正常运营维护，实现10万人次同时在线访问，确保日访问量不低于100万人次。资源库建成三年后，在资源库前期运作良好的情况下，探索将资源库运作转入商业模式的可行性，通过招标方式吸引专业化第三方运营公司，确保资源的及时更新、长效运行及全面推广。

2．更新机制

建立资源库动态更新、长效运营机制，通过资源库运行平台，在项目联合建设单位之间，对资源库进行运行测试和持续改进。对平台技术支持系统进行定期评价，提出改进建议，促进支持系统技术水平提高，确保资源库的建设和使用质量。采用用户免费注册与积分管理机制，对使用率高的资源提供者给予奖励，对使用率低的资源实行淘汰。

3．知识产权保护

专业教学资源库借助网络信息平台为广大使用者提供共享教学资源服务，其间有可能引发知识产权归属与使用等问题。在资源库项目建设及使用中，强化知识产权保护意识，依照相关法律法规，采取相应措施，加强源头检查和过程监控，确保自主产权，避免产权纠纷。

八、预期效果

（一）实现服务院校、企业、社会目标

建成一个功能完备、兼具普适性与个性化的民族文化与传承创新专业教学资源库，实现服务院校、服务企业、服务社会的目标。促进教师、学生、企业设计师、社会学习者的相互交流与沟通，推进职业院校民族文化传承与创新，增强职业院校的文化软实力；促进职业院校专业建设水平，促进职业教育与民族文化产业对接，提升高职院校服务区域经济的能力；促进民族文化传承与创新智能化、网络化的自主学习环境建设，拓展民族文化终身教育、大众学习的社会服务。

（二）培养民族文化传承创新职业人

传统民族文化资源数字化，数字化资源教育化，实现民族传统文化从本体保护向内容保护、传承、传播、创新转化，引进、培养民族文化传承创新人。应用数字媒体技术，聚合传统美术、传统技艺、民间文学、民俗文化等非物质文化遗产资源，建立“中国传统金属及泥塑工艺美术”资源子库、“中华刺绣”资源子库和“中华老字号”资源子库，采用积件方式组合成相关课程教学载体，面向职业教育，把民族文化从平面传播保护向交互立体化传播、主动式传承创新转化，自觉成为民族文化的传承者、建设者和践行者。

（三）总结归纳民族文化传承典型案例

搭建“中国传统金属及泥塑工艺美术”“中华老字号”和“中华刺绣”文化传播、推广平台，创新非物质文化遗产传承、传播模式，以动画、视频等形式展示“中国传统金属及泥塑工艺美术”“中华刺绣”传统技艺和“中华老字号”商业文化，为国内专业人士创意设计和传统文化应用创新、其他社会学习者自主学习以及向国际传播中华传统文化提供专业化的教学资源服务，使学习者足不出户就可以学习到优秀的中华传统工艺与文化，有效传承与弘扬中华传统文化，对其他非物质文化遗产的保护、传承、创新、传播起到重要的借鉴和启发作用。

九、经费预算

表1-18　北京电子科技职业学院经费预算表

序号	资金用途		资金来源								合　计	
			申请中央财政 50 %		地方财政投入 50 %		行业企业投入 ____ %		自筹 投入 ____ %			
			金额（万元）	比例（%）	金额（万元）	比例（%）	金额（万元）	比例（%）	金额（万元）	比例（%）	金额（万元）	比例（%）
	小　计		300	100	300	100					600	100
1	论证调研	会务及旅差费	7	5	7	5					30	5
		论证费	8		8							
2	专家咨询	咨询费	7	5	7	5					30	5
		旅差费	8		8							
3	企业案例	收集费	27	25	27	25					150	25
		加工制作费	48		48							
4	课程开发	课程内容开发	30	25	30	25					150	25
		数字化制作及培训	45		45							
5	素材制作	收集采集费	25	25	25	25					150	25
		制作费	50		50							
6	特殊工具软件	开发费	10	5	10	5					30	5
		软件购置	5		5							
7	资源导入	软件研制	10	5	10	5					30	5
		素材导入费	5		5							
8	推广应用	会议、培训、宣传费	8	5	8	5					30	5
		维护更新	7		7							

表1-19　北京财贸职业学院经费预算表

序号	资金用途		资金来源								合　计	
			申请中央财政 50 %		地方财政投入 50 %		行业企业投入 %		自筹 投入 %			
			金额（万元）	比例（%）	金额（万元）	比例（%）	金额（万元）	比例（%）	金额（万元）	比例（%）	金额（万元）	比例（%）
	小　计		175	100	175	100					350	100
1	论证调研	调研分析费	4	5	4	5					17.5	5
		设计论证费	4.75		4.75							
2	专家咨询	咨询费	4	5	4	5					17.5	5
		差旅费	4.75		4.75							
3	企业案例	老字号企业史料中心	23.75	25	23.75	25					87.5	25
		课程案例设计	20		20							
4	课程开发	课程内容的开发	15.75	25	15.75	15					70	20
		课程数字化制作	28		10.5							
5	素材制作	老字号文化数字博物馆	40	25	35	25					87.5	25
		老字号文化传承与创新实施人方案	3.75		8.75							
6	特殊工具软件	老字号互动社区	8.75	5	8.75	5					17.5	5
7	资源导入	素材导入与课程搭建	8.75	5	8.75	5					17.5	5
8	推广应用	会议、培训、宣传费	3	5	17.25	15					35	10
		维护更新	5.75		9							

表1-20 湖南工艺美术职业学院经费预算表

序号	资金用途		资金来源								合计	
			申请中央财政 64 %		地方财政投入 ___ %		行业企业投入 18 %		自筹 投入 18 %			
			金额（万元）	比例（%）	金额（万元）	比例（%）	金额（万元）	比例（%）	金额（万元）	比例（%）	金额（万元）	比例（%）
	小 计		175	100			50	100	50	100	275	100
1	论证调研	会务、差旅	4	5					3	10	13.75	5
		论证	4.75						2			
2	专家咨询	咨询、评审	4.25	5					3	10	13.75	5
		差旅	4.5						2			
3	企业案例	收集	15	25			15	60	1	5	76.25	25
		加工整理	28.75				15		1.5			
4	课程开发		43.75	25			20	40	10	20	73.75	25
5	素材制作	收集集成	7.25	25					5	25	56.25	25
		开发制作	36.5						7.5			
6	特殊工具软件		8.75	5					5	10	13.75	5
7	资源导入		8.75	5					5	10	13.75	5
8	推广应用	培训、宣传	6.75	5					4	10	13.75	5
		维护更新	2						1			

附件 1　资源库建设方案评价意见（一）

北京电子科技职业学院

《民族文化传承创新—多媒体设计与制作专业（群）教学资源库建设》

项目申报方案评价意见表

评价人姓名	马文辉	职称	教授	从事专业	文化/管理
单位/职务	文化部非物质文化遗产司　司长 文学博士				

2013年5月听取了北京电子科技职业学院关于建设“民族文化传承创新–多媒体设计与制作专业（群）教学资源库”项目的申报汇报。

北京电子科技职业学院是国家示范性高职院校，多年来为社会经济发展输送了一批批优良职业技术人才，学校紧密结合社会经济、文化发展的需要，重视高职人才成长、培育模式的教育教学改革，“融合发展”思路清晰，敢于探索，积极实践，学校优势明显，成绩丰硕。该校多媒体设计与制作专业作为示范校国家级的重点专业，在服务文化专业，传承民族文化具有很强的社会责任感和使命感，在民族文化传承创新的教学及传播等方面已经取得了一定成效。希望通过将“百城百校”这项工作，把国家级非遗资源转化为高校教学资源，有效地带动全国职业院校开展“非遗”资源的保护工作。通过校企合作，使教学成果能够得到二次转化、开发，为社会、行业企业民族文化传承创新提供服务。该项目申报是以先进数字媒体技术传承民族文化，符合文创行业、企业传承发展的需要，具有现实性和可操作性。

文化部“非遗司”愿与教育部职成司共同支持此项工作。提供相关的非物质文化遗产资源，有效促进非遗资源向民族文化教育创新的转化。该建设方案目标设计思路明确，主题突出传承创新民族文化，有针对性地确定“非遗”四大类内容选择合理。学院有能力建设“民族文化传承创新–多媒体设计与制作专业（群）教学资源库”。希望继续坚持校企合作，预期定能取得良好成效。

评价人签字：马文辉

日期：2013年5月24日

附件2　资源库建设方案评价意见（二）

北京电子科技职业学院

《民族文化传承创新—多媒体设计与制作专业（群）教学资源库建设》

项目申报方案评价意见表

<table>
<tr><td>评价人姓名</td><td>孙建君</td><td>职称</td><td>教授</td><td>从事专业</td><td>非遗研究</td></tr>
<tr><td>单位/职务</td><td colspan="5">中国艺术研究院　研究员　博士生导师
中国工艺美术学会民间工艺美术专业委员会主任委员
中国工艺美术学会理论委员会秘书长
国家非物质文化遗产保护工作专家委员会委员</td></tr>
<tr><td colspan="6">通过听取北京电子科技职业学院关于“民族文化传承创新——多媒体设计与制作专业（群）教学资源库”项目申报工作的汇报，本人认为该项目建设是必要的，建设方案是可行的。
该建设项目申报和建设得到了文化部非遗司及各省文化厅局的大力支持。北京电子科技职业学院与中国文化传媒集团山水笛声动画设计（北京）公司策划的“百城百校”活动，为资源库建设提供了必需的社会资源、人力资源和硬件设备，并与联合优势企业、院校，共同组建实力雄厚的项目建设团队。该项目建设定位准确，建设目标详实，建设内容突出“非遗”特色，符合国家经济社会发展需要。
通过该项目建设，实现民族文化传承创新的优质资源共享，培养民族文化的传承人、创新人，带动全国高职院校民族文化相关专业教学模式、教学方法、课程建设、师资队伍建设的进一步系统化改革，全面提升人才培养质量和社会服务能力。

评价人签字：孙建君
日期：2013.5.24</td></tr>
</table>

附件 3　资源库建设方案评价意见（三）

北京电子科技职业学院

《民族文化传承创新—多媒体设计与制作专业（群）教学资源库建设》

项目申报方案评价意见表

评价人姓名	林家阳	职称	教授	从事专业	艺术设计
单位/职务	教育部职业院校艺术设计类专业教学指导委员会　主任 同济大学设计创意院教授；同济大学设计艺术研究中心　主任 博士生导师				
2013年5月听取了北京电子科技职业学院关于建设“民族文化传承创新–多媒体设计与制作专业（群）教学资源库”项目的申报汇报。 北京电子科技职业学院多媒体设计与制作专业是示范校国家级重点专业，创新了人才培养模式和以工作过程为导向的“进阶式”的课程体系，在民族文化传承创新的教学及传播方面取得了一定成效，积累了大量教育教学资源。在此基础上，申报该项目，将艺术与技术结合，以先进数字媒体技术传承民族文化，符合信息时代的要求，具有很强的可行性。 北京电子科技职业学院联合文化部非物质文化遗产司、中国教育电视台、中国文化传媒集团、北京工美集团等单位，依托“百城百校”和“产学研联盟”校企合作机制平台，建设民族文化传承创新教学资源库。资源库顶层设计思路清晰、先进；建设方案主题鲜明、内容充实，传承文化，突出教学，服务文化产业：经费预算合理，建设路径清晰，机制完善。预期能取得很好的社会效益和经济效益。 北京电子科技职业学院有能力把“民族文化传承创新–多媒体设计与制作专业（群）教学资源库”建设成代表国家水平、具有高职教育特色的功能完备、兼具普适性与个性化的专业教学资源库，实现服务院校、服务企业、服务社会的目标。 评价人签字：林家阳 日期：2013.05.24.					

附件4　资源库建设方案评价意见（四）

北京电子科技职业学院

《民族文化传承创新—多媒体设计与制作专业（群）教学资源库建设》

项目申报方案评价意见表

<table>
<tr><td>评价人姓名</td><td>陈　希</td><td>职称</td><td>教授
（高级工艺美术师）</td><td>从事专业</td><td>工艺美术</td></tr>
<tr><td>单位/职务</td><td colspan="5">全国民族技艺职业教育教学指导委员会　委员
广东省工艺美术研究所陈希工作室　研究员、艺术总监
中国工艺美术学会民间工艺美术专业委员会　委员</td></tr>
<tr><td colspan="6">2013年5月听取了北京电子科技职业学院关于申报“民族文化传承创新——多媒体设计与制作专业（群）教学资源库”建设项目的工作汇报，并查阅了相关申报文件资料。
北京电子科技职业学院在国家示范性高等职业院校建设和国家高职教育综合改革试验区建设中，加强专业建设，改革人才培养模式，提高人才培养质量，为高职教育发展做出了突出的贡献。以国家重点专业多媒体设计与制造专业为主干的艺术设计类专业群，积极进行教育教学改革，传播民族文化，积极进行民族文化课题研究，开展国际合作教育，为该项目申报奠定了良好基础。
该项目联合全国几十所高职院校、几十家行业企业共同承担建设任务，组成了实力强大的建设团队。项目建设基础条件好，优势明显，建设目标明确，方案合理，措施可行。项目建设面向职业教育，面向文创产业，建设教学平台、学习平台、交流平台、转化平台、交易平台，实现民族文化传承创新资源共建共享，是一项具有开创意义的系统建设工程。
北京电子科技职业学院牵头申报的资源库建设项目，能够建成代表国家水平的具有高等职业教育特色的开放式、共享型资源库，成为保存、传承、传播和创造先进文化的重要平台。

评价人签字：陈希
日期：2013.5.24</td></tr>
</table>

附件 5　国家非物质文化遗产——传统美术选项表

序号	名　称	地　区	学　校
1	绵竹木版年画	四川	绵竹市职业中专学校
2	羌族刺绣	四川汶川	四川美术学院
3	扬州剪纸	江苏	南京工业职业技术学院
4	桃花坞木版年画	江苏	苏州工艺美术职业技术学院
5	蒙古族刺绣	内蒙古	内蒙古商贸职业技术学院
6	惠山泥人	江苏	无锡职业技术学院
7	毡画	内蒙古	内蒙古商贸职业技术学院
8	彩扎	湖南凤凰	湖南工艺美术职业学院
9	杨柳青木版年画	天津	天津市西青区中等专业学校
10	高密扑灰年画	山东	山东工艺美术学院
11	北京绢花	北京崇文	北京电子科技职业学院 北京信息职业技术学院
12	面人	北京海淀	北京电子科技职业学院 北京工业职业技术学院
13	象牙雕刻	北京、广东	北京电子科技职业学院 北京经济管理职业学院
14	北京料器	北京京城百工坊 艺术品有限公司	北京电子科技职业学院 北京化工大学职业技术学院
15	浚县泥咕咕（泥塑玩具）	河南	待联合
16	凤翔泥塑	陕西	西安邮电大学数字艺术学院 北京电子科技职业学院
17	安塞剪纸	陕西	西安邮电大学数字艺术学院 北京电子科技职业学院
18	热贡艺术（唐卡、泥塑、堆绣）	青海	西宁市湟中职业技术学校
19	萍乡湘东傩面具	江西	待联合
20	徽州三雕（婺源三雕）	安徽、江西	安徽省行知学校
21	纳西族东巴画	云南	云南财经大学现代艺术设计学院
22	平遥纱阁戏人	山西平遥	平遥现代工程技术学校 北京电子科技职业学院

续表

序号	名 称	地 区	学 校
23	布老虎	山西黎城	北京电子科技职业学院 平遥现代工程技术学校
24	中阳剪纸	山西中阳	平遥现代工程技术学校 北京电子科技职业学院
25	闻喜面花	山西闻喜	北京电子科技职业学院 平遥现代工程技术学校
26	东阳木雕	浙江	待联合
27	青田石雕	浙江	待联合
28	蔚县、丰宁满族剪纸	河北	河北软件职业技术学院
29	汉绣	湖北武汉	武汉职业技术学院
30	寿山石雕	福建	福建省福州旅游职业中专学校
31	软木画	福建福州	待联合
32	永春纸织画	福建永春	待联合
33	侗族刺绣	贵州锦屏	待联合
34	皮画	内蒙古	内蒙古商贸职业技术学院
35	苗绣	贵州	待联合
36	医巫闾山满族剪纸	辽宁	待联合
37	萨满服饰	内蒙古	内蒙古商贸职业技术学院
38	嘉定竹刻	上海	待联合
39	扬州玉雕	江苏	徐州工业职业技术学院

附件 6　国家非物质文化遗产——传统技艺选项表

序号	名　称	地　区	学　校
1	聚元号弓箭制作技艺	北京	北京财贸职业学院
2	蒙古族马鞍制作技艺	内蒙古	内蒙古商贸职业技术学院
3	雕漆技艺	北京	北京电子科技职业学院
4	木版水印技艺	北京	北京财贸职业学院
5	花丝镶嵌制作技艺	北京	北京电子科技职业学院
6	金漆镶嵌髹饰技艺	北京	北京电子科技职业学院
7	官式古建筑营造技艺	北京	北京电子科技职业学院
8	宜兴紫砂陶制作技艺	江苏	无锡职业技术学院 江苏省宜兴丁蜀中等专业学校
9	南京云锦木机妆花手工织造技艺	江苏	南京工业职业技术学院
10	苏州缂丝织造技艺	江苏	徐州工业职业技术学院
11	明式家具制作技艺	江苏	淮安信息职业技术学院
12	界首彩陶烧制技艺	安徽	待联合
13	石湾陶塑技艺	广东	广东轻工职业技术学院
14	黎族传统棉纺织染绣技艺	海南	待联合
15	傣族慢轮制陶技艺	云南	云南财经大学现代艺术设计学院
16	维吾尔族模制法土陶烧制技艺	新疆	新疆石河子职业学院
17	景德镇手工制瓷技艺	江西	江西省景德镇第一中等专业学校

续表

序号	名称	地区	学校
18	铅山连四纸制作技艺	江西	待联合
19	德化瓷雕塑烧制技艺	福建	福建省德化职业技术学校
20	河北曲阳定瓷烧制技艺	河北	保定职业技术学院
21	蜀锦织造技艺	四川	重庆旅游职业学院
22	四川夹江县竹纸制作技艺	四川	待联合
23	四川德格印经院藏族雕版印刷技艺	四川	待联合
24	壮族织锦技艺	广西	待联合
25	土家族织锦技艺	湖南	待联合
26	藏族邦典、卡垫织造技艺	西藏	西藏职业技术学院
27	加牙藏族织毯技艺	青海	待联合
28	苗族蜡染技艺	贵州	贵州轻工职业技术学院
29	平遥推光漆器髹饰技艺	山西	平遥现代工程技术学校
30	桦树皮制作技艺	黑龙江	黑龙江民族职业学院
31	赫哲族鱼皮制作技艺	黑龙江	黑龙江民族职业学院
32	风筝制作技艺	山东	山东经贸职业学院

附件 7　国家非物质文化遗产——民间文学选项表

序号	名　称	地　区	学　校
1	白蛇传传说	江苏、浙江	南京工业职业技术学院
2	梁祝传说	江苏、浙江、山东、河南	淮安信息职业技术学院
3	孟姜女传说	山东	威海职业学院
4	济公传说	浙江	待联合
5	耿村民间故事	河北	保定职业技术学院
6	刘三姐歌谣	广西	待联合
7	山西万荣笑话	山西	平遥现代工程技术学校
8	格萨（斯）尔	内蒙古、四川、云南、西藏、甘肃、青海、新疆	内蒙古建筑职业技术学院 内蒙古商贸职业技术学院 新疆石河子职业学院
9	阿诗玛	云南	云南财经大学现代艺术设计学院
10	青林寺谜语	湖北	武汉职业技术学院

附件 8　国家非物质文化遗产——民俗文化选项表

序号	名　称	地　区	学　校
1	春节	全国	北京电子科技职业学院 台湾建国科技大学
2	炎帝陵祭典	湖南	待联合
3	祭祖习俗	山西洪洞	平遥现代工程技术学校 北京电子科技职业学院
4	汉族传统婚俗	山西孝义	平遥现代工程技术学校 北京电子科技职业学院
5	运城关公信俗	山西运城	平遥现代工程技术学校 北京电子科技职业学院
6	民间灶火	山西、陕西	平遥现代工程技术学校 陕西省西安邮电大学数字艺术学院
7	元宵节	北京、山西、河北、 福建、甘肃、青海等	北京电子科技职业学院 北京财贸职业学院
8	苗族独木龙舟节	广西壮族自治区宾阳县	待联合
9	火把节	四川、云南	待联合
10	洛阳牡丹花会	河南洛阳	待联合
11	女娲祭典	河北	河北软件职业技术学院
12	傣族泼水节	云南	待联合
13	楹联习俗	全国	北京财贸职业学院
14	庙　会	北京	北京电子科技职业学院 北京财贸职业学院
15	苗族姊妹节	贵州	待联合
16	妈祖祭典	福建	待联合
17	祭敖包	内蒙古	内蒙古电子信息职业技术学院
18	壮族歌圩	广西	待联合
19	秦淮灯会	江苏	待联合
20	中元节	香港特别行政区	待联合
21	山东泰山石敢当习俗	山东	山东经贸职业学院

附件9　国家级民族文化传承与创新专业教学资源库资源建设业务标准与技术标准

为了保证国家级民族文化传承与创新专业教学资源库的有效开发和普及共享，根据《教育部关于确定职业教育专业教学资源库2013年度立项建设项目的通知》（教职成函〔2013〕9号）精神，参照《国家级精品资源共享课建设技术要求（2012年）》，制订如下资源建设标准：

一、资源建设标准

资源建设应符合以下格式与技术要求（各表格中属性“必选项”是指必须达到的要求，“可选项”是指建议达到的要求）：

非遗采集标准

关键点	要　求	属　性
内容	非物质文化遗产采集标准是对即将进行的非遗采集工作的规范和指导，它从历史与文化、地域分布、制作工艺、传承人、大师作品、现代应用、文创企业等多个方面对非物质文化遗产采集工作进行了分类和整理，有利于今后非遗资源的保护与查询、传承与发展	必选项
历史与文化	非物质文化遗产的历史应包括两个部分，一是发展历史，二是传承历史。非物质文化遗产的文化是指形成它的文化底蕴，同时也应说明它对当地文化的影响	可选项
地域分布	记录非物质文化遗产形成的地域及该地域的特征，哪些元素促成了该非遗的发展，如在非遗发展过程中产生了地域变化，也应进行记录	可选项
制作工艺	非物质文化遗产的具体制作工艺，这一部分的内容由于非遗的形式不同，采集的灵活性较大，可以是记录制作工艺的古籍，可以是口口相传的诗歌、民谣，也可以是记录制作工艺的图示或标准 注：若记录内容在理解上存问题，则需要进行翻译、总结、归纳，尽量用中文进行说明	可选项
传承人	非物质文化遗产的传承人信息，包括姓名、性别、年龄、认定时间、主要观点、个人事迹、近照等，在这里除了提供现任传承人的信息外，还应搜集该非遗传承人的历代信息，如在传承过程中有重大事件发生，应酌情记录	可选项
大师作品	历代非物质文化遗产传承人的作品，需要按年代、传承人进行归类，每个作品对应一个*.doc文档，用于记录该作品的名称、作者、荣誉、创意说明、作品所在地等相关信息。作品的记录方式可采用图片、视频等方式，图片格式为*.jpg格式，尺寸为1024×768以上，300dpi；视频格式为*.avi格式，尺寸为720×576以上；音频信号应符合GB/T 14919-1994标准 注：由于有些图片和视频年代久远，无法达到规定要求，则以越清晰越好的原则采集	可选项
现代应用	主要记录非物质文化遗产的创新工艺，现代应用领域，这里不应单纯描述现代应用的形式，而应对比传统非遗进行对比和介绍，对开发或发明的传承人应特别介绍，获奖及影响也应说明	可选项
文创企业	部分非物质文化遗产项目会形成规模化生产，甚至建立非遗文创企业，对这些企业应记录企业名称、法人、企业规模、企业历史、网点分布、盈利模式、国内及国际影响	可选项

文字采集

关键点	要　求	属　性
编　码	纯文本采用UTF-8编码或GB18030编码	必选项
格式要求	版面A4大小，页边距上空2.5cm，下空2cm，左空2.5cm，右空2cm； 正文使用标准小四号宋体字，行距固定值20磅，段落开头空两个字； 一级子标题为标准四号黑体字，序号为中国数字如“一”“二”等；二级标题序号为中国数字，数字号加小括号，如“（一）”“（二）”等；三级标题序号为阿拉伯数字，如“1”“2”序号等	必选项
存储格式	TXT、DOC、DOCX、PDF、RTF、HTM、HTML、XML等	必选项

图片采集

关键点	要　求	属　性
类　型	图片以系列性为主，包括全景图片、特写图片、工艺过程图片、使用环境效果图	必选项
立体效果	包括三视图：正视图、俯视图、侧视图	可选项
注　释	内容少的以命名的方式标注，内容多的附在word文档中；图片内容与标注相互对应，以方便使用	必选项
存储格式	TIFF、JPG等格式，分辨率不低于300像素	必选项

音频采集

关键点	要　求	属　性
频　率	音乐类音频频率不低于44.1kHz，语音类频率不低于22.05kHz	必选项
编　码	音频编码采用PCM无损编码	必选项
码　率	码率不低于64Kbps，量化位数大于8	必选项
声　音	音频播放流畅，声音清晰，噪音低，回响小	必选项
语　音	语言类音频语音不失真，采用标准普通话，英语配字幕	必选项
存储格式	WAV、WMA、MP3等	可选项

视频采集

关键点	要　求	属　性
分辨率	不低于720×576像素，不高于1920×1080像素	必选项
色　彩	彩色视频素材每帧图像颜色均为真彩色	可选项
细节控制	图像清晰，播放流畅，声音清楚	必选项
字　幕	字幕要使用符合国家标准的规范字，不出现繁体字、异体字（国家规定的除外）、错别字；字幕的字体、大小、色彩搭配、摆放位置、停留时间、出入屏方式力求与其他要素（画面、解说词、音乐）配合适当，不能破坏原有画面	可选项

续表

关键点	要 求	属 性
音 频	音频与视频图像有良好的同步，音频部分应符合音频素材的质量要求	必选项
存储格式	优先选用MP4、MOV、AVI、WMV格式	必选项

网络文字

关键点	要 求	属 性
编 码	纯文本采用UTF-8编码或GB18030编码	必选项
存储格式	TXT、DOC、DOCX、PDF、RTF、HTM、HTML、XML等	必选项

网络图片

关键点	要 求	属 性
类 型	图片以系列性为主，包括全景图片、特写图片、工艺过程图片、使用环境效果图	必选项
立体效果	包括三视图：正视图、顶视图、侧视图	可选项
注 释	内容少的以命名的方式标注，内容多的附在Word文档中；图片内容与标注相互对应，以方便使用	必选项
存储格式	使用GIF、PNG、JPG格式，分辨率不低于72像素	必选项

网络音频

关键点	要 求	属 性
频 率	不低于22.05kHz	必选项
编 码	音频编码采用PCM无损编码	必选项
码 率	码率不低于64Kbps，量化位数大于8	必选项
声 音	播放流畅，声音清晰	必选项
存储格式	采用标准MP3压缩格式	必选项

网络视频

关键点	要 求	属 性
分辨率	不低于320×240像素	必选项
色 彩	彩色视频素材每帧图像颜色均为真彩色	可选项
细节控制	图像清晰，播放流畅，声音清楚	必选项
字 幕	字幕要使用符合国家标准的规范字，不出现繁体字、异体字（国家规定的除外）、错别字；字幕的字体、大小、色彩搭配、摆放位置、停留时间、出入屏方式力求与其他要素（画面、解说词、音乐）配合适当	可选项

续表

关键点	要 求	属 性
音 频	音频与视频图像有良好的同步，音频部分应符合音频素材的质量要求	必选项
存储格式	优先选用RMVB、FLV、SWF格式	必选项

教学录像

关键点	要 求	属 性
录制原则	教学录像按教学单元录制	必选项
录制条件	录像环境光线充足、安静，教师衣着得体，讲话清晰，板书清楚	可选项
音 频	声音和画面要求同步，无交流声或其他杂音等缺陷，无明显失真、放音过冲、过弱；伴音清晰、饱满、圆润，无失真、噪声杂音干扰、音量忽大忽小现象；解说声与现场声、背景音乐无明显比例失调；音频信噪比不低于48 db	必选项
字 幕	字幕要使用符合国家标准的规范字，不出现繁体字、异体字（国家规定的除外）、错别字；字幕的字体、大小、色彩搭配、摆放位置、停留时间、出入屏方式力求与其他要素（画面、解说词、音乐）配合适当，不能破坏原有画面	可选项
存储格式	优先选用MP4、MOV、AVI、WMV格式	必选项

电子读物

关键点	要 求	属 性
内 容	电子读物分类包图文介绍；图像、文字、音视频、动画综合媒体形式展示；工艺流程演示类；电子杂志	必选项
媒体指标	个人电脑平台分别生成适用于Windows和Mac平台应用的后缀名为.exe和.APP的应用文件，推荐编辑软件：Flash、Director、ZMaker；或手持移动设备开发android版和ios版的APP程序，同时可以发布APP商店供用户下载安装	必选项
存储格式	图像JPG、TIF、GIF、PNG等，分辨率不低于72像素；音频WAV、MP3等；视频文件MOV、MP4、AVI等；动画SWF、MOV、AVI；电子读物EXE、APP	必选项

作品档案

关键点	要 求	属 性
内 容	作品档案包括金属工艺品、泥塑工艺品、编结工艺品	可选项
作品介绍	相关的代表作品文字介绍（提供作者姓名、单位、创作时间、设计创作说明200~300字）	必选项
编 整	期刊杂志、图书，与类目相关的书籍、期刊的类别编整（分类别做编整）	必选项
类别归纳	影像资料，相关的音频、视频、图片类别归纳（要求视频图像清晰、声音清楚、电子图片分辨率300像素，相片规格统一7寸）	必选项
证书要求	奖杯证书，作品的收藏证及奖杯（原件、复印件）	必选项

企业案例

关键点	要 求	属 性
成品格式	网页HTML；动画SWF；图片PSD、JPG、GIF或TIFF；视频FLV、AVI、MP4或MOV；多媒体产品DR；文档word97-2003；演示文档powerpoint97-2003	必选项
过程文件	企业案例过程文件，包括企业案例制作过程文件、所有应用到的素材及相关文件，如：项目客户需求及预期营销效果相关文件或文案；项目分析及策划案（PPT或Word策划案、视频拍摄脚本等相关文件）；设计的提案过程（原始提案及与客户沟通后修改的提案，包括各种版本及客户修改意见）；案例素材，包括客户提供或拍摄图片素材、视频前期拍摄源素材、文档素材等	可选项
源文件	平面设计作品的PSD文件；Flash动画设计作品的FLA原始文件；视频作品的原始文件	可选项

演示文稿

关键点	要 求	属 性
版 本	文件制作所用的软件版本不低于Microsoft Office 2003	必选项
格 式	采用PPT或PPTX格式，不要使用PPS格式；如果有内嵌音频、视频或动画，则应在相应目录单独提供一份未嵌入的文件；同时提供关于最佳播放效果的软件版本说明	必选项
字 体	每页版面的字数不宜太多，正文字号应不小于24磅字，使用Windows系统默认字体，不要使用仿宋、细圆等过细字体，不使用特殊字体，如有特殊字体需要转化为图形文件	可选项
页面设计	页面设计的原则是版面内容的分布美观大方，文字要醒目，避免使用与背景色相近的字体颜色，页面行距建议为1.2倍，可适当增大，左右边距均匀、适当；各级标题采用不同的字体和颜色，一张幻灯片上文字颜色限定在4种以内，注意文字与背景色的反差	必选项
动画效果	不宜出现不必要的动画效果，不使用随机效果。动画连续，节奏合适	可选项
链 接	文件内链接都采用相对链接，并能够正常打开；文件中链接或插入的其他素材满足本要求中关于媒体素材的技术要求；使用超级链接时，要在目标页面有“返回”按钮，鼠标移至按钮上时要求显示出该按钮的操作提示	必选项
其他说明	尽可能少用宏，播放时不要出现宏脚本提示	可选项

教学课件——Flash课件

关键点	要 求	属 性
内容编辑	课件格式采用SWF	必选项
	课件分辨率不得小于720×576像素，建议达到1920×1080像素	可选项
	构图及字幕角标要严格控制在安全框内	必选项
字体与样式	选用字体时尽量避免文字残损，字体大小可以根据文字多少进行调节	必选项
	课件标题要醒目，标题要能够体现课件所表现的内容	可选项
	课件中文字避免使用与背景色相近的颜色	必选项

续表

关键点	要 求	属 性
风格定位	根据课件的内容和使用对象的特点来确定整体色彩和色调	可选项
	画面简洁清晰，界面友好，操作简单	必选项
	动画连续，节奏合适，提供进度控制条	可选项
	同一课程的多个Flash课件内容设计风格要统一	必选项
声效要求	背景音乐的音量不易过大，音乐与课件内容相符	必选项
	解说配音应标准，无噪音，快慢适度，并提供控制开关	可选项

教学课件——网页型课件

关键点	要 求	属 性
内容编辑	使用网页编辑工具编辑网页，不要直接将Microsoft Word、WPS等文件内容粘贴到网页文件中	必选项
页 面	采用DIV+CSS对页面进行标准化布局，并对整个网站进行优化	必选项
	每一个页面上要标明当前页面展示内容的标题，不能显示“无标题文档”	必选项
	每个网页内要有完整的标签，每个网页内标签之间要写明该页的标题，并且与页面上的标题一致	必选项
字体与样式	对于背景、表格、字体、字号、字体颜色等统一使用样式表（CSS）处理。不要使用行内样式，使用外部CSS样式表，便于后续的修改	必选项
	课件中的文字要使用网络安全字体，避免出现文字显示问题	必选项
风格定位	课件风格定位与课程内容相符，图片、色彩、布局和谐统一	可选项
	首页和栏目页、内容页的样式风格应该保持一致，背景、色调、字体、字号、段落处理等保持协调	必选项
	背景音乐要与课件内容相符，并提供控制音量和开关的控制条	必选项
网页尺寸	网页尺寸的设置应适应大多数用户的需求，浏览网页时不要出现横向滚动条。建议以1024×768像素的屏幕分辨率为设计依据	可选项
浏览器	兼容Microsoft IE6—IE11、Microsoft IE8、Google Chrome、Mozilla Firefox、Safari浏览器	必选项
编 码	采用HTML5编码	必选项

网络动画

关键点	要 求	属 性
时 长	静止画面时间不超过5秒钟，总时长不超过5分钟	必选项

续表

关键点	要 求	属 性
片头、片尾	片头：不超过6秒，显示作品名称 片尾：显示制作单位、制作分工、制作人姓名等	必选项
内 容	内容积极向上，不能含有色情、暴力等元素	必选项
画 面	动画色彩造型和谐，帧和帧之间的关联性强，动画演播过程流畅	必选项
网页展示格式要求	1. 作品格式：SWF、GIF； 2. 作品分辨率：不得小于720×576像素，并尽量采用低压缩或无损压缩方式； 3. 有作品说明文档； 4. 截图：2~3张（jpg格式）； 5. 质量控制：制作逐帧动画，不要大量使用元件，尽量使用组，合理地利用洋葱皮工具	必选项
电视台播映格式要求	1. 作品格式：AVI； 2. 作品分辨率：不得小于720×576像素，能达到1920×1080像素更好，并采用无损压缩方式； 3. 构图及字幕角标：严格控制在安全框内； 4. 视频信号：图像应无异常跳动、闪动或马赛克等现象，图像的明暗、色彩和层次应与节目内容相对应； 5. 音频信号：应符合GB/T 14919-1994标准，节目电平最大值不超过-6dBFS（通常节目电平在-9dBFS以下），语言电平最大值不超过-12dBFS，音乐电平最大值不超过-5dBFS，声音电平峰值不能全程低于-28dBFS	可选项
文件目录结构	1. 一个作品创建1个文件夹，以“作品名称_单位_作者”命名； 2. 次级目录建立3个子文件夹，分别以“源文件”“网页”“电视台”命名 3. “源文件”文件夹存放制作过程文件、所有应用到的素材及相关文件，并创建1个名为“软件信息”的word97-2003文档，里面记录使用的软件名称、语言及版本号 4. “网页”文件夹存放两个文件，一个是满足网页动画格式要求的SWF文件（参照“网页动画要求”），文件以“作品名称_单位_作者”命名，另一个是名为“作品说明”的word97-2003文档，里面记录作品的构思、表现主题及制作过程 5. “电视台”文件夹中存放满足电视台播映动画格式要求的AVI文件（参照“电视台播映动画要求”），文件以“作品名称_单位_作者”命名	可选项

电子教案

关键点	要 求	属 性
内 容	教案分为教案首页与续页两部分	必选项
教案首页	本单元教学的总体设计，在教案首页上应正确详细填写以下几项内容：课时安排、教学内容、教学目的、重点难点及解决方法、学习效果评价方式、课后小结	必选项
课时安排	填写本教案教授学时数，原则上每2~4学时编制一份教案	可选项
教学内容	即章节标题或讲授主题	必选项
教学目的	包括知识、能力、技能和思想教育等方面的目标及要求	必选项
重点难点及解决方法	教学的重点、难点是教案必不可少的重要组成部分，对于教学重点、难点的把握应准确无误，列举教学过程中采用何种方式突出或解决重点难点问题	必选项
学习效果评价方式	即采用什么方式来评价或检验学生是否达到预期的学习效果	必选项

续表

关键点	要　求	属　性
课后小结	课后及时把授课中的感受记录下来，以便今后进行改进。课后小结可以包括：教案的执行情况、教学目标是否达到、教法的选择和应用效果如何、学生的反映、疑难问题、典型错误、经验体会、存在的问题、今后教学建议、资料索引等	必选项
教案续页	应体现教师的教学风格及教学过程，包括教学的主要内容及程序安排、时间分配等	必选项
其他说明	承担实验、实习、实训、课程设计、毕业设计等实践教学任务的教师，都应根据实际教学情况和教学内容，参考所提供的教案格式编写教案，以保证各个教学环节的教学质量 PPT、CAI课件和网络课件不能代替授课教案，但可作为授课教案支撑材料一起上交	可选项

电子教材

关键点	要　求	属　性
媒体指标	个人电脑平台分别生成适用于Windows和Mac平台应用的后缀名为.exe和.APP的应用文件，推荐编辑软件：Flash、Director、ZMaker；或手持移动设备开发android版和ios版的APP程序，同时可以发布APP商店供用户下载安装；软件安装方便、运行正常、可靠性高、兼容性强，退出或中断后恢复原系统状态	必选项
教学内容	1. 符合本学科或课程教学要求，教学目标明确，取材合适； 2. 符合学生认知规律，逻辑性强，富有启发性，有利于学生能力培养； 3. 教学内容组织及其结构合理，学习路径明确，知识关联清晰； 4. 表述知识生动趣味，能引起和保持学习者的学习动机和注意力； 5. 能反映本门学科国内外科学研究和教学研究的先进成果； 6. 弘扬民族文化精华，无政治性和政策性错误	必选项
结构功能	电子课本：教材正文； 拓展资料：进一步拓展性资料； 背景资料：相关背景资料，新旧知识点关联点； 练习：题量相当、难度相当的练习题、思考题、实践题； 多媒体资料：重点难点的多媒体资料； 用户手册：目录清晰，内容完备，表述简明，便于使用	可选项
素材管理	素材编号：可由计算机自动生成唯一标识码； 所属栏目：素材所属的具体章节； 命名规范：素材文件名见文件目录结构； 素材类型：素材所归属的类型，如图片、文字、视频、音频； 素材来源：素材的出处； 素材简介：素材的简要说明性文字，限100字以内； 素材关键词：提炼素材关键词以利于搜索，不多于5个词； 素材采编时间：时间格式为年－月－日； 素材作者：素材编著者的信息：姓名、单位、联络方式	可选项
评价反馈	练习题、思考题、实践题题型适当，设计水平高，操作简便，具有较好的学习评价和反馈功能；人机交互性强，学习进度可控，学习路径可选，交互参数可设	可选项

续表

关键点	要 求	属 性
交互智能	1. 检索、学习记录和书签功能较强； 2. 具有较好的人工智能性和专家系统性； 3. 具有多种媒体的学习提示、交叉参考、导航和定位等辅助功能	可选项
文件目录结构	1. 电子教材的每个章节创建一个文件夹，以“章节名_单位_作者”命名； 2. 次级目录建立三个子文件夹，分别以“教材正文”“素材”“习题”命名； 3. “教材正文”文件夹存放本章节的所有小节正文内容，文件名以“第*章-第*节”命名； 4. “素材”文件夹存放所有应用到的背景以及拓展资料及相关多媒体资料，并创建一个名为“素材信息”的word97-2003文档，里面记录使用的素材编号、名称、素材类型及素材作者； 5.“习题”文件夹存放所有练习题、思考题、实践题，文件名以“习题类型（练习题\思考题\实践题）-习题名称-序号”命名	可选项
易于扩展	具有较好的内容调整、组合、更新和补充等开放性和扩展性功能	可选项

人才培养方案

关键点	要 求	属 性
内 容	人才培养方案主要内容包括：专业名称、专业代码、招生对象、学制与学历、就业面向、培养目标与规格、毕业条件、课程体系与核心课程、专业办学基本条件和教学建议、继续专业学习建议等十个方面的内容	必选项
专业名称	参照《普通高等学校高职高专教育指导性专业目录》（含目录内和目录外）。需要改变的，请注明理由	必选项
专业代码	参照《普通高等学校高职高专教育指导性专业目录》	必选项
招生对象	普通高中毕业生/“三校生”（职高、中专、技校毕业生）/初中毕业生	必选项
学制与学历	例：专科（三年制），专科（五年制），本科（四年制）等	必选项
就业面向	与本专业最直接相关的就业职业领域、工作岗位等，应包括初始岗位和发展岗位群［即本专业毕业生可以从事的主要职业岗位、相近的职业岗位以及在获得一定工作经验（进修）后可升迁的职业岗位及预计平均获得的时间］	必选项
培养目标与规格	包含专业定位面向主要职业岗位的描述、人才培养目标对职业核心能力的描述；毕业生应具备的知识结构、能力结构、素质结构等描述	必选项
毕业条件	1. 三年高职修满150学分左右，五年高职修满242学分左右 2. 至少获得一个相关专业职业资格证书（中级） 3. 获得全国高职高专英语应用能力考试（B级）（艺术类专业可获取英语口语中级证书，五年制专业可获取英语口语中级证书）；获得全国计算机信息高新技术考试（OSTA）证书，或全国计算机等级考试（一级）证书	必选项
课程体系与核心课程	构建课程体系的架构与说明，专业核心课程（一般为3～5门）简介，要体现专业特色，对教学进程安排及说明等	必选项

续表

关键点	要 求	属 性
专业办学基本条件和教学建议	专业教学团队：专业师生比，师资力量、师资结构［专任教师任职资格及专业能力要求，企业兼职教师的任职资格及水平（技术）要求、承担的专业课程及学时比例等］	必选项
	教学设施：必要的校内、外实训基地的基本要求（含职业技能鉴定要求、满足专业实践教学和技能训练要求，满足学生顶岗实训半年以上的实训基地）；信息网络教学条件	
	教材及图书、数字化（网络）资料等学习资源：侧重有利于学生自主学习，内容丰富、使用便捷、更新及时的数字化专业学习资源要求	
	教学方法、手段与教学组织形式建议：以学生为中心，根据学生特点，激发学生学习兴趣；实行任务驱动、项目教学等多种形式的“做中学、做中教”教学模式	
	教学评价、考核建议：实施考核方式多样化，突出能力考核，体现综合素质评价；吸纳更多行业企业和社会有关方面组织参与考核评价	
	教学管理：针对不同生源特点，采取有针对性的教学管理模式，进行有效管理	
继续专业学习建议	本专业毕业生继续学习的渠道和接受更高层次教育的专业面向	可选项

课程标准

关键点	要 求	属 性
主要内容	课程标准包括：课程定位、课程目标、教学起点、课程内容与要求、教学方法与手段、实践条件、评价方法、课程资源及其他说明等	必选项
课程定位	主要包括本门课程在实现培养目标方面的地位和作用及与前、后续课程衔接关系等内容	必选项
课程目标	结合民族文化传承与创新制订课程目标，目标描述要具体明确。文字表述可分两段，第一段为总体描述，即课程对学生在专业能力（知识与技能）、方法能力（过程与方法）、社会能力（情感态度与价值观）等方面的基本要求，学生学习该门课程后应达到的预期结果；第二段具体说明学生应达到的具体课程目标	必选项
	专业能力一般包括：职业业务范围内的能力，包括单项的技能与知识，综合的技能与知识以及工作方式方法、对劳动生产工具的认识及使用和劳动材料的认识等	必选项
	方法能力一般包括：独立学习、获取新知识技能的能力；独立寻找解决问题的途径的能力；制订工作计划、工作过程和产品质量的自我控制和管理以及工作评价（自我评价和他人评价）的能力；信息处理和数字应用能力等，可以理解为学生获取专业能力和社会能力的途径	必选项
	社会能力一般包括：与他人交往、合作、共同生活和工作的能力，包括工作中的人际交流（伙伴式的交流方式、利益冲突的处理等）、公共关系（与同龄人相处的能力、在小组工作中的合作能力、交流与协商的能力、批评与自我批评的能力）、劳动组织能力（企业机构组织和生产作业组织、劳动安全等）、对工作本身的态度（敬业精神、质量意识、服务意识等）、群体意识和社会责任感	必选项
教学起点	学生学习本课程时的学习现状简述。包括：年级、前导课程、已经具备的知识、技能的情况	必选项

续表

关键点	要 求	属 性
课程内容与要求	学习内容概要：以“中国传统金属及泥塑工艺美术”“中华刺绣”等相关“非遗”项目和中华老字号，以及其他相关案例和项目为教学载体，列出教学内容的主题学习单元的名称。即学习情境（或项目或案例或课业等）的名称。 学习内容：学习内容概要细化，即明确表述相关的知识点、能力点。 学习标准：根据学习内容确定学生应该达到的学习程度，尽量采用程度用语，为学习标准表述清晰明确，并具有可操作性，建议采用“能或会+动作要求+操作动词+操作对象”的格式，如“能熟练操作示波器”。 评价建议、教学建议：总体说明根据相应学习内容的特点及要求提出评价（如评价的方式、方法）和教学方面（如学习方式、教学组织形式、注意事项等）方面的建议，注意要具体、可实施	必选项
教学方法与手段	总体说明本课程在教学过程中需要的教学组织形式及教学方法、教学手段（可用图表说明），大胆探索、创新适合民族文化传承与创新教学的新方法和新手段。例如，是否需要分组，采取何种教学方法，授课地点和授课方式等	必选项
实践条件	主要指校内实践条件、校外实践环境要求等，包括实践场地（可附图）、多媒体教学设施、实训设备配置的要求等，对于一些传统文化项目需要的特殊条件，可进行重点说明	必选项
评价方法	总体说明本课程的主要指考试/考核主要方法、方案（可用图表说明），突出过程评价、目标评价、综合性评价，关注评价的多元性（教师评价、学生自评、学生互评、社会评价等），要充分体现和符合课程的特点	必选项
课程资源	包括教材与学材、教学媒体两部分内容： 教材与学材：选用教材、学材、参考书目（含校企合作开发特色教材、课件、学习指南、案例、习题）；以上内容需说明名称、主要功能等。 教学媒体：教学媒体的使用情况。包括投影、录音、录像、课件、印刷品、图片、广播电视、计算机网络等；以上内容需说明名称、主要功能等	可选项
其他说明	对以上不能涵盖的内容作必要的说明	可选项

微课程

关键点	要 求	属 性
时长	微课视频时长一般不超过10分钟，以5分钟左右为宜	必选项
片头、片尾	片头：不超过6秒，显示微课名称、主讲人姓名； 片尾：解说或朗诵人、摄像人、制作人姓名等	必选项
录像场地与环境	录制场地可以是课堂、演播室或礼堂等场地；录制现场光线充足、环境安静、整洁，教师衣着得体，讲话清晰，板书清楚；避免在镜头中出现有广告嫌疑或与课程无关的标识等内容；现场是否安排学生互动可根据录制需要自行决定	必选项
录制方式及设备	1. 可以使用数码相机、DV等摄像设备拍摄和录制，也可以使用录屏软件录制的音频或视频，录屏软件有Camtasia Studio、Screen2swf、屏幕录像专家等； 2. 拍摄方式：根据课程内容，可采用多机位拍摄（双机位以上），机位设置应满足完整记录全部教学活动的要求； 3. 录像设备：摄像机要求不低于专业级数字设备，在同一门课程中标清和高清设备不得混用，推荐使用高清数字设备； 4. 录音设备：使用若干个专业级话筒，保证教师和学生发言的录音质量； 5. 后期制作设备：使用相应的非线性编辑系统	可选项

续表

关键点	要　求	属　性
视频信号源技术指标	1. 稳定性：全片图像同步性能稳定，无失步现象，CTL同步控制信号必须连续，图像无抖动跳跃，色彩无突变，编辑点处图像稳定； 2. 信噪比：图像信噪比不低于55db，无明显杂波； 3. 色调：白平衡正确，无明显偏色，多机拍摄的镜头衔接处无明显色差； 4. 视频电平：视频全讯号幅度为1 V p-p，最大不超过1.1 V p-p；其中，消隐电平为0V时，白电平幅度0.7 V p-p，同步信号-0.3V，色同步信号幅度0.3Vp-p（以消隐线上下对称），全片一致	必选项
音频信号源技术指标	1. 声道：中文内容音频信号记录于第1声道，音乐、音效、同期声记录于第2声道，若有其他文字解说记录于第3声道（如录音设备无第3声道，则录于第2声道） 2. 电平指标：-2db ～-8db声音应无明显失真、放音过冲、过弱 3. 音频信噪比不低于48db 4. 声音和画面要求同步，无交流声或其他杂音等缺陷 5. 伴音清晰、饱满、圆润，无失真、噪声杂音干扰、音量忽大忽小现象 6. 解说声与现场声无明显比例失调，解说声与背景音乐无明显比例失调	必选项
微课视频格式	1. 成片统一采用单一视频形式：MP4格式 2. 视频压缩采用H.264（MPEG-4 Part10：profile=main，level=3.0）编码方式，动态码流的最高码率不高于2000Kbps，最低码率不得低于1024Kbps，帧率不低于25fps；扫描方式采用逐行扫描	必选项
微课视频分辨率	前期采用标清4:3拍摄，分辨率不低于720×576；前期采用标清16:9拍摄，请设定为1280×720；在同一课程中，各讲的视频分辨率应统一，不得标清和高清混用	必选项
微课视频画面要求	页面布局合理，色彩搭配协调、页面信息量适度；根据学科内容选择和应用恰当的媒体形式和传播方式，内容精炼，表述准确，符号规范	必选项
音频压缩格式及技术参数	音频压缩采用H.264格式编码；采样率48kHz；音频码流率128Kbps（恒定）；必须是双声道，必须做混音处理	必选项
后台解说	普通话，声音响亮，抑扬顿挫。语言通俗易懂、深入浅出、详略得当	必选项
	不出现“你们”“大家”“同学们”等大众受众式用语	可选项
声音和画面	声音和画面要求同步，无交流声或其他杂音等缺陷，无明显失真、放音过冲、过弱；伴音清晰、饱满、圆润，无失真、噪声杂音干扰、音量忽大忽小现象；解说声与现场声、背景音乐无明显比例失调；音频信噪比不低于48db	必选项
字　幕	字幕要使用符合国家标准的规范字，不出现繁体字、异体字（国家规定的除外）、错别字；字幕的字体、大小、色彩搭配、摆放位置、停留时间、出入屏方式力求与其他要素（画面、解说词、音乐）配合适当，不能破坏原有画面	可选项

网络课程

关键点	要　求	属　性
教学视频	图像清晰稳定、构图合理、声音清晰，能较全面真实反映教学情境，能充分展示教师良好教学风貌；视频片头应显示标题、作者和单位，主要教学环节有字幕提示	必选项

续表

关键点	要　求	属　性
教学课件	教学课件限定为PPT格式；要求围绕教学目标，反映主要教学内容，与教学视频合理搭配	必选项
教学设计	教学设计应反映教师教学思想、课程设计思路和教学特色，包括教学背景、教学目标、教学重点、教学方法和教学总结等方面内容，并在开头注明讲课内容所属学科、专业、课程及适用对象等信息，文件格式为DOC	必选项
时　长	每节课程时长45分钟以内，删除与教学无关的内容	可选项
录制环境	可以是课堂、工作室、演播室、礼堂或背景美观的室外场地；录制现场光线充足，环境安静、整洁，避免在镜头中出现有广告嫌疑或与课程无关的标识等内容；现场是否安排学生互动可根据录制需要自行决定	必选项
效　果	确保成片中的多媒体演示及板书完整、清晰	必选项
其他说明	教师在录制前应对授课过程中使用的多媒体课件（PPT、音视频、动画等）认真检查，确保内容无误，排版格式规范，版面简洁清晰	可选项

习　题

关键点	要　求	属　性
内　容	习题内容应有普遍性和概括性，表述内容具体、准确、针对性强，围绕所涉及的普遍性知识和核心知识内容展开习题设定；习题按照难易程度由易到难设定	必选项
类　别	习题的类别可以是文字笔答类习题，包括填空、单项选择、多项选择、判断、简答、问答题等形式，设题形式可根据教学内容组合设定	必选项
数　量	每阶段习题的数量应与每阶段知识容量相适应，文字笔答单元习题答题时间可以控制在15～25分钟	可选项
形　式	习题的类别中包含设计与制作类习题，包括一件或多件物品设计，一件或多件物品制作，形式可以是平面或立体的，材料可以根据所涉及的非遗项目种类而定	可选项
难　度	设计类习题与制作类习题时间可以安排在课堂辅导完成或课后完成，难度适宜，要让学习者在设计与制作中强化实践操作能力，从中建立起持续学习的乐趣；设计类习题时长课堂控制在4～6节课，课后控制在3～4天完成；制作类习题时长课堂控制在4～6节课，课后控制在5～7天完成	必选项
其他说明	习题的类别应充分考虑知识表述特点相适应	可选项

元数据要求

基本资源的元数据要求见下表：

中文名称	英文名称	是否必填	备　注
资源名称	Title	是	
作　者	Author	是	
作者所属单位	AuthorOrg	是	

续表

中文名称	英文名称	是否必填	备　注
版权单位	Copyright	是	
层　次	Level	否	
适用对象	Readers	否	
所属学科门类	Subject01	是	
所属专业类	Subject02	是	
资源类型	ResourceType	是	可选项有： 人才培养方案、课程标准、演示文稿、教学录像、电子读物、作品档案、企业案例、教学课件、电子教案、电子教材、微课程、网络课程、习题、文献资源、素材资源、其他
媒体类型	MediaType	是	可选项有： 文本、音频、视频、图片、动画、混合媒体
知识点（或关键词）	Keywords	是	多个关键词之间用逗号分隔
简介	Abstract	否	
所属课程名称	CourseTitle	否	
资源语言	Language	否	默认是中文，可选项为常用语言列表
其他说明	Note	否	

二、资源提交

1. 每个资源类别创建文件夹，以“××资源库_资源类型_单位_牵头人”命名；
2. 根据目录的需要创建若干子文件夹及次级文件夹；
3. 对于说明素材的文档文件，素材及其说明文档放在同一个子文件夹中；
4. 本标准由北京电子科技职业学院负责解释。

附件 10　国家级民族文化传承与创新专业教学资源库建设项目管理组织机构

为了有效促进国家级民族文化传承与创新专业教学资源库项目建设与实施，北京电子科技职业学院特成立以下管理组织机构：

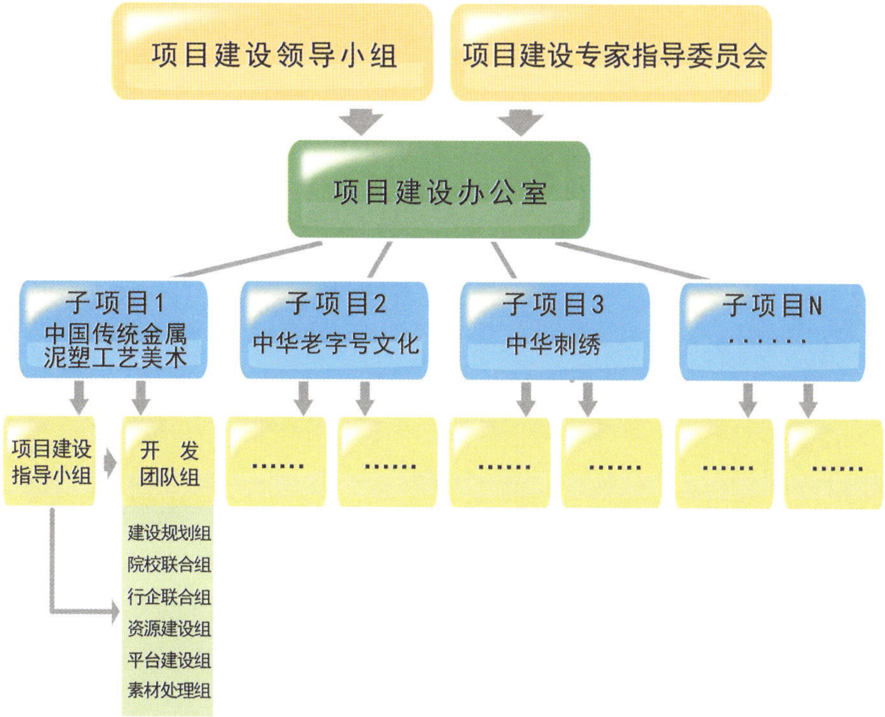

管理组织机构图

1．项目建设专家指导委员会

马文辉　中华人民共和国文化部非物质文化遗产司司长

马树超　高等职业教育发展研究中心主任，上海市教育科学研究院副院长

马广水　山东商业职业技术学院党委书记，副研究员

王　英　中国动画协会副会长，原央视动画公司总经理

王晋卿　全国商业教育教学指导委员会常务副主任

王　键　湖南省教育厅副厅长，博士生导师

王　山　中国工艺美术协会副理事长，高级工艺美术师

冯午生　山水笛声动画设计（北京）有限公司总经理

冯骥才　中国文学艺术界联合会执行副主席

孙立军　北京电影学院副校长

孙建君　中国艺术研究院研究员

孙元勋　商务部人事司巡视员

刘兰兮　中国社会科学院经济研究所副所长、研究员

刘爱云　中国工艺美术大师，湘绣代表性传承人，湖南工艺美术职业学院湘绣艺术学院工艺总监

吕品田　中国工艺美术馆馆长，教授

李中扬　首都师范大学教授、视觉设计与教育研究所所长

李　扬　中国动漫传媒集团党委书记

李　果　北京卡酷传媒有限公司总经理

李　飞　清华大学经济管理学院教授

江再红　中国工艺美术大师，长沙市开福湘绣研究所总经理

陈　希　全国民族技艺职业教育教学指导委员会委员

张美芳　中国工艺美术大师，苏绣代表性传承人，苏州刺绣研究所所长

张玉生　天津泥人张彩塑工作室高级工艺美术师

张夫也　清华大学美术学院博士生导师

张志刚　中国商业联合会会长，高级经济师

张　锠　清华大学美术学院教授、泥人张第四代传人

武　装　北京教育网络与信息中心主任，教授

杨守民　中国文化传媒集团党委副书记

杨坚平　粤绣研究所所长，高级工艺美术师

郝淑萍　中国工艺美术大师，蜀绣代表性传承人，成都蜀绣大师工作室董事长

姜俊贤　中华老字号工作委员会副主任，高级经济师

钟连盛　中国工艺美术大师，北京市珐琅厂有限责任公司总经理，国家级非物质文化遗产项目景泰蓝制作技艺传承人

姚　飞　中国模拟仿真教学应用专家，北京化工大学教授

郭　鸣　北京工美集团有限责任公司总工艺师

唐克美　北京工美集团原总经理

晓　欧　国务院扶持动漫专家委员会委员，中央美术学院教授

徐　刚　高等教育出版社高职事业部总经理，高等职业教育研究中心副主任

康　宁　中国教育电视台台长

盛亦来　中央电视台海外节目中心主任

梁晓声　当代著名作家，北京语言大学教授

黄　侃　北京市教育委员会高教处处长，教授

黄荣怀　北京师范大学教育学部副部长，教授

曾应明　湖南湘绣城集团总经理，高级工艺美术师
职　责：规范资源建设标准，指导资源建设开发，监控资源建设质量，引领项目建设方向。

2．项目建设领导小组

组　长：王海平　北京电子科技职业学院校长
副组长：王成荣　北京财贸职业学院校长
　　　　余克泉　湖南工艺美术职业学院校长
　　　　安江英　北京电子科技职业学院副校长
成　员：冯骥才　中国文学艺术界联合会执行副主席
　　　　孙建君　中国艺术研究院研究员
　　　　王茹芹　中国商业史学会会长
　　　　安惠民　中国商业联合会中华老字号工作委员会主任
　　　　张夫也　清华大学美术学院博士生导师
　　　　刘爱云　湖南工艺美术职业学院湘绣艺术学院工艺总监
职　责：规范、确定资源建设计划和建设标准，实施建设过程监控，保证资源库建设质量。

3．项目建设办公室

主　任：刘正宏、管小清
副主任：孙磊（专职）、孙万军、夏能权
成　员：韩华、林洪、李跃、戴荭、田志英、唐利群、王萍、段岩涛、刘尧远、谭坤
职　责：负责制订项目总体建设方案，督导项目建设进度和组织项目最终验收。

4．中国传统金属及泥塑工艺美术子项目建设开发团队

（1）项目建设指导小组

总顾问：
　　　　冯骥才　中国文学艺术界联合会执行副主席
　　　　孙建君　中国艺术研究院研究员
校内成员：
　　　　赵　鹏　北京电子科技职业学院副校长
　　　　安江英　北京电子科技职业学院副校长
　　　　王利明　北京电子科技职业学院教务处处长

校外专家：

马文辉　文化部非物质文化遗产司司长

孙立军　北京电影学院副校长

王　英　中国动画协会副会长，原央视动画公司总经理

姚　飞　中国模拟仿真应用专家，北京化工大学教授

金德龙　原国家广播电影电视总局宣传管理司司长

杨守民　中国文化传媒集团党委副书记

康　宁　中国教育电视台台长

盛亦来　中央电视台海外节目中心主任

唐克美　北京工美集团原总经理

李　扬　中国动漫传媒集团党委书记

肖永亮　北京师范大学文化创意产业研究院院长，教授

李中扬　首都师范大学视觉设计与教育研究所所长，教授

陈家奇　央视动画有限公司导演

徐　刚　高等教育出版社高职事业部主任

郭　鸣　北京工美集团有限责任公司总工艺师

钟连盛　北京珐琅厂有限责任公司总经理

吕鹏宇　北京经济技术开发区管委会新闻信息中心主任

龚则刚　北京博大数文广告有限公司总经理

夏　霓　北京影视动画协会秘书长

刘　斌　中央电视台梅地亚中心电视业务总监

冯午生　山水笛声动画设计（北京）有限公司总经理

杨　军　北京朝阳规划艺术馆馆长

晓　欧　中央美术学院教授

职　责：对资源库项目建设、资金预决算提供咨询，并统筹、协调、指导建设工作，保障资源库资源建设的标准化、职业化、国际化特色。

（2）开发团队组

开发团队组下设若干子项目组，实行组长负责制。

①专业建设规划组

组　长：安江英

副组长：王利明、刘正宏

成　员：戴茳、李友友、王萍、徐秀艺、于京、段岩涛、刘尧远、罗爱华、孙磊、谭坤

职　责：负责调研、制订人才需求规格；负责制订专业标准；负责人才培养模式、教

学改革、质量监控等资源的开发；负责资源验收；负责与其他项目组的协调联系、项目管理。

②院校联合开发组

组　长：陈淑姣

成　员：王华杰（上海工艺美术职业学院）、王怀群（北京工业职业技术学院）、梁露（北京财贸职业学院）、姜占峰（北京信息职业技术学院）、罗祥远（北京经济管理职业学院信息学院）、晓鸥（中央美术学院）、郭嵩（北京电影学院）、崔唯（北京服装学院艺术设计学院）、刘锋（北京印刷学院设计艺术学院）、贾真光（北京联合大学广告学院）、靳鹤琳（天津中德职业技术学院）、杜卫民（保定职业技术学院）、王伟英（内蒙古商贸职业技术学院）、马艳秋（内蒙古电子信息职业技术学院）、王旭玮（广东轻工职业技术学院）、李森（新疆石河子职业学院）、扎西达吉（西藏职业技术学院）、罗冬梅（南宁职业技术学院）、殷锐（杭州万向职业技术学院）、郭弟强（山东经贸职业学院）、肖永亮（北京师范大学文化创意产业研究院）、李中扬（首都师范大学视觉设计与教育研究所）、李雪涛（北京外国语大学中国海外汉学研究中心）、洪發财（台湾高凤数位内容学院）、陈若华（台湾建国科技大学）

职　责：负责收集、整理、加工相关资源；负责课程的联合开发建设。

③行企联合开发组

组　长：郭建芳（山水笛声动画设计有限公司）、王巍

成　员：陈希（广东省商业美术设计行业协会）、郭鸣（北京工美集团有限责任公司）、钟连盛（北京珐琅厂有限责任公司）、杨军（北京朝阳规划艺术馆）、叶波（高等教育出版社）、董彦韬（北京友邦佳通电子科技有限公司）、曹向东（北京中科大洋科技有限公司）、马特［翰墨唐国际广告（北京）有限公司］、孟庆杰（北京迪生动画科技有限公司）、李文江［国业大成策划顾问（北京）有限公司］、仲泽宇（中国服务贸易协会）

职　责：负责收集、整理行业、企业的相关素材；负责收集、整理国外机构开发的相关资源；负责收集、整理第三方机构开发的相关资源；负责整理名师、大师相关资源；协助课程开发组开发企业案例及课程。

④课程资源建设组

组　长：段岩涛、管小清

成　员：刘正宏、戴荭、李友友、孙磊、王巍、陈金梅、李颖、刘敏、谭坤、吕悦宁、刘萍、唐芸莉、康海英、邵瓒、窦巍、刘尧远、岳鹏、李根京、韩晓坤、高建强。

职　责：负责专业平台课程及专业方向课程“非物质文化遗产概论”“传统装饰艺

术”“创意思维设计”“非遗影像采集”“非遗动画设计”“传统金属工艺创新设计”“泥塑创新设计与制作”“非遗出版物”的开发和网络课程建设，以及教材开发和其他相关专业课程的拓展。

⑤系统平台建设组

组　长：孙磊

成　员：于京、李宝军、周文楷、吕悦宁、曲云皋

职　责：负责与高等教育出版社协调资源库系统网站建设事宜，互动交流、个性化学习、成果推广等功能拓展问题，并负责日常运行管理。

⑥素材处理技术组

组　长：刘尧远

成　员：孙磊、王巍、陈金梅、李颖、谭坤、吕悦宁、刘萍、唐芸莉、康海英、窦巍、岳鹏

职　责：负责对各项目组提交的素材进行加工并提供技术支持。

第二部分 总结篇

民族文化传承与创新专业教学资源库暨中国传统金属工艺与泥塑工艺美术子库项目总结报告

一、项目建设基本情况

（一）背景简述

北京电子科技职业学院是一所北京市属公办高等职业院校，位于北京经济技术开发区凉水河畔，学校坚持以服务为宗旨、以就业为导向的高职办学方针，确立了“立足开发区，面向首都经济，融入京津冀，走出环渤海，与区域经济联动互动、融合发展，培养适应国际化大型企业和现代高端产业集群需要的高技能人才”的办学定位。学校在2004年全国高职高专院校人才培养工作水平评估中获得优秀。多次荣获北京市职业教育先进单位，2005年荣获全国职业教育先进单位。2010年被教育部、财政部批准为“国家示范性高等职业院校”，是国家在“十一五”期间重点建设的百所示范性高职院校之一。2010年被教育部批准为国家级高等职业教育综合改革试验区建设单位。2014年被北京市教委批准为高端技术技能人才贯通培养试验项目试点校。学校设有机械工程学院、汽车工程学院、自动化工程学院、电信工程学院、生物工程学院、艺术设计学院、经济管理学院、基础学院8个二级学院。开设机械与数控、汽车与交通、自控与电气、电子与信息、食品与生物、艺术与设计、经济与管理7大类48个高职专业，所设专业覆盖了北京市重点发展的各个支柱产业。

北京电子科技职业学院自2010年开始进行民族文化传承相关课程的开发建设。2013年4月申报职业教育民族文化传承与创新专业教学资源库项目，得到了文化部非遗司、相关行业企业及兄弟院校的大力支持和指导帮助。原非遗司司长马文辉博士评价说：该项目是以先进数字媒体技术传承民族文化，符合文创行业、企业传承发展的需要，具有现实性和可操作性。希望通过这项工作，把国家级“非遗”资源转化为高校教学资源，有效地带动全国职业院校开展“非遗”资源的保护、传承工作。并通过校企合作，使教学成果能够得到二次转化和开发，为民族文化传承创新提供服务。

2013年7月，职业教育民族文化传承与创新专业教学资源库项目获得教育部批准。北京电子科技职业学院作为主持单位，联合湖南工艺美术职业学院、北京财贸职业学院，分别建设“中国传统金属及泥塑工艺美术”子库、“中华刺绣”子库、“中华老字号”子库。2014年批复了由苏州工艺美术职业技术学院牵头承担的“百工录——中国工艺美术非遗传承与创新”子库和山西艺术职业学院牵头承担的“民族音乐（表演）传承与创新”子库，随着更多院校陆续申报并加入，此项目不仅仅是对传统文化的保护与传承，更是在融入“互联网+”的理念之上，促进传统文化再利用并不断增值，其资源惠及于民众，功在当代，利在千秋。

（二）建设目标

以中国传统金属及泥塑工艺美术等“非遗”项目为资源载体，应用数字媒体技术，按照行业规范和职业标准，“政校企行”共建具有国内外先进水平的大容量、共享型、互动式、持续更新的职业教育民族文化传承与创新专业教学资源库，培养民族文化传承创新人才，实现民族文化传承创新专业人才培养与非物质文化遗产传承对接，职业教育与民族文化双向互动、协同发展，保存、传承、传播和创新中华民族传统文化。

（三）建设内容

按照资源的功能属性和类别，将资源库划分为六个中心，它包括汇集了20余种非遗资源的“非遗素材信息中心”、为教育教学服务的“课程建设应用中心”、将素材资源向教育教学资源转换的“教学资源转换中心”、为推广师生作品的“展示交流学习中心”、为衍生开发师生作品的“创作转化推广中心”和为加深爱好者亲身感受的“互动体验传播中心”。将职业教育民族文化传承创新专业教学资源库之子库——中国传统金属及泥塑工艺美术，建成传承中华传统文化的自主学习平台（如非遗素材信息中心、互动体验传播中心），传播中华传统文化的教育教学平台（如课程建设应用中心、教学资源转换中心），应用传统文化元素进行创作并转化为文化生产力的推广平台（如展示交流学习中心、创作转化推广中心）。如图2-1所示。

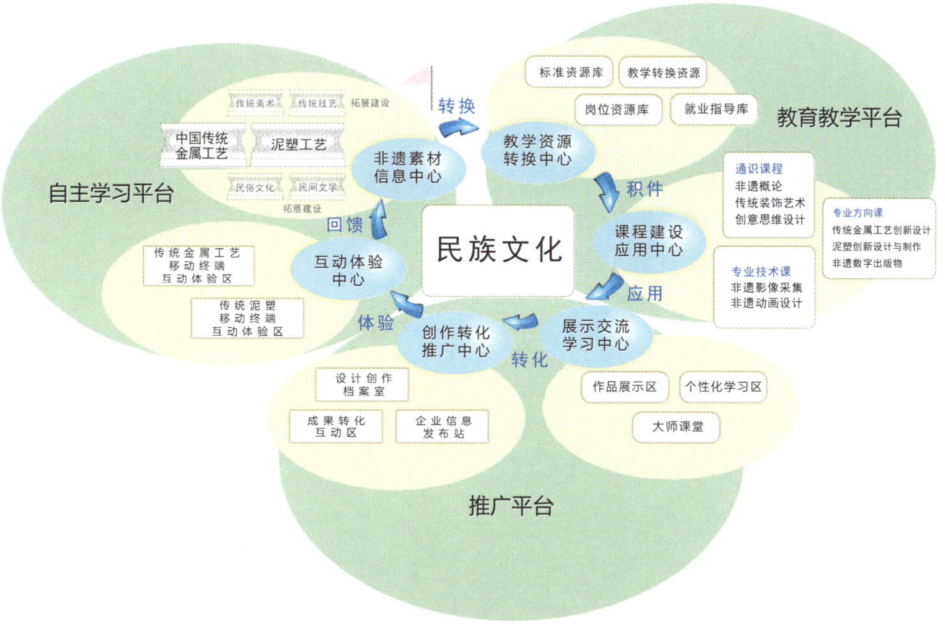

图2-1　中国传统金属及泥塑工艺美术子库资源整体架构图

（四）建设历程

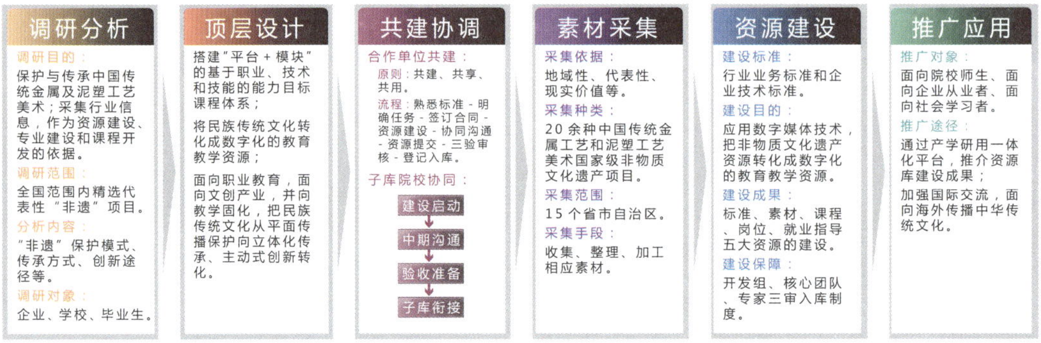

图 2-2　中国传统金属及泥塑工艺美术子库建设历程

1．调研分析

对中国传统金属及泥塑工艺美术的保护与传承开展广泛的调研，在全国范围内，精心挑选具有代表性的“非遗”项目，如北京景泰蓝、天津泥人张等，从“非遗”保护模式、传承方式、创新途径等方面进行深入研究与分析；对企业、学校、毕业生进行调研，同时采集行业调研信息，作为资源建设、课程开发及专业建设的依据。

2．整体规划

遵循职业教育教学规律，从职业岗位分析出发，搭建“平台+模块”的基于职业技术技能的能力目标课程体系。将民族传统文化整理成规范、系统、科学的教学标准，按行业规范和职业标准应用数字媒体技术转化为数字化的教育教学资源。面向职业教育，面向文创产业，开发课程、教材、文创产品，并向产业转化，向教学固化，把民族传统文化从平面传播保护向立体化传承、主动式创新转化。

3．共建协调

（1）合作单位共建

资源库项目自启动建设以来，在教育部职成司的统一领导下，在文化部非遗司的大力支持下，在项目主持学校北京电子科技职业学院有效组织下，项目参建院校20所，以资源建设为主，参建企业26家，以技术服务为主，参建政府、行业协会和学会等机构13个，以业务服务、政策支持和资源整合为主。本着共建共享共用原则，按熟悉标准—明确任务—签订合同—资源建设—协同沟通—资源提交—三验审核—登记入库等流程，协同共建。

（2）子库院校协同

➢ 建设启动：2013年9月27日，职业教育民族文化传承与创新专业教学资源库项目启动工作会议在北京电子科技职业学院举行，文化部非遗司、教育部职成司、北京市教育委员会等相关部门领导、行业企业及高校专家学者、资源库合作建设单位代表参加了会议。会上成立了专门的组织管理机构，颁布了资源库建设项目管理办法，制订了资源库项目资金管理办法，研讨并确定了24类资源建设标准，为资源库项目运作与资源开发提供了业务与技术保障。见图2-3、图2-4。

图2-3　资源库启动工作会

图2-4　原文化部非遗司马文辉司长莅临资源库启动会

➢中期沟通：2014年11月26日，民族文化传承与创新专业教学资源库建设项目中期交流与协调会在湖南省益阳市湖南工艺美术职业学院召开。本次会议加强了子库建设院校之间的学习交流，进一步明确了民族文化传承与创新专业教学资源库建设目标和内容，督查了各子库项目资源建设的情况，分析存在的问题，如进一步统一认识、强化专项经费使用规范意识等，共同商议解决办法，有效地推进了项目的进展，为资源库建设任务圆满完成打下坚实基础。见图2-5。

图2-5　资源库建设中期交流与协调会

➢子库衔接：2014年10月18日，资源库项目建设办公室主任刘正宏、副主任孙磊参加苏州工艺美术职业技术学院的民族文化传承与创新专业教学资源之“百工录——中国工艺美术非遗传承与创新”子库启动会，会上向参会代表介绍了2014年民族文化传承与创新专业教学资源建设情况，并与二十多家“百工录”子库共建院校进行互动，为民族文化传承与创新专业教学资源库项目子库间的衔接和整体性设计提供参考。见图2-6。

图 2-6　“百工录——中国工艺美术非遗传承与创新”子库启动会

➢验收准备：根据教育部职成司《关于做好职业教育专业教学资源库2015年项目验收工作的通知》等相关文件精神，为做好职业教育民族文化传承与创新专业教学资源库项目建设与验收工作，北京电子科技职业学院与湖南工艺美术职业学院和北京财贸职业学院从资源建设、验收准备、工作说明三个方面进行了充分沟通并取得一致意见，并向教育部职成司和财务司函达请示，为职业教育民族文化传承与创新专业教学资源库建设项目顺利验收打下坚实基础。

4．素材采集

根据地域性、代表性、现实价值等情况，选择20余种中国传统金属工艺和泥塑工艺美术等国家级非物质文化遗产项目，收集、整理、加工相应素材，采集遍布15个省、市、自治区。见图2-7、图2-8。

5．资源建设

按照行业业务标准和企业技术标准，应用数字媒体技术，把非物质文化遗产资源转化成数字化的教育教学资源，完成标准资源、素材资源、课程资源、岗位资源、就业指导资源的建设，并建立开发组审核、核心团队审核、专家审核三审入库制度。

6．推广应用

面向院校师生，面向企业从业者，面向社会学习者，通过产学研用一体化平台，推介资源库的建设成果。注重加强国际交流，面向海外传播中华传统文化。

（五）建设成果

总结建设任务完成情况，归纳其核心成果如下。

1．素材建设

（1）整理加工17项“非遗”素材

以标准化、碎片化、数字化方式整理加工景泰蓝等9项传统金属工艺和天津泥人张等

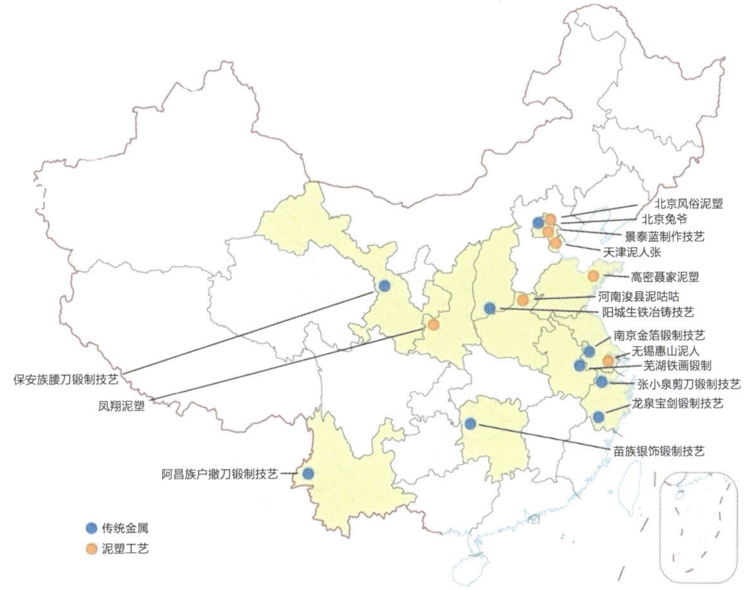

图 2-7　非遗采集分布图

图 2-8　非遗素材采集过程

8项传统泥塑工艺，每种“非遗”项目均从历史由来、工艺流程、大师推介、作品赏析、风俗奇趣、影音非遗、图说非遗等7个方面呈现。

（2）构建中国泥人博物馆

梳理中国泥塑发展脉络，将中国泥塑发展分为起源期、发展期、鼎盛期、普及期、大众化期，从每个时期的艺术特色、代表地区、代表大师及代表作品等方面介绍中国泥塑的发展历程。

（3）构建走进博物馆模块

以现场采集的素材为基础材料，完成国家博物馆、首都博物馆、天津博物馆、南京博物院、甘肃省博物馆、陕西历史博物馆、内蒙古博物院、宝鸡青铜器博物馆等8家博物馆作品的数字化分类展示。

（4）构建传统纹样库

构建包括“吉祥纹样”“民间美术作品”“砖壁画”“中国工艺”四类纹样的传统纹样库。

（5）拓展相关民族文化6项：白族扎染技艺、敦煌艺术、剑川木雕、凤翔年画、马勺脸谱、《西游记的故事》启蒙动画制作及衍生产品开发。

合计整理与开发：文字100余万字，图片2.2万余张，文档3600余个，音频88个，视频300余个。见图2-9。

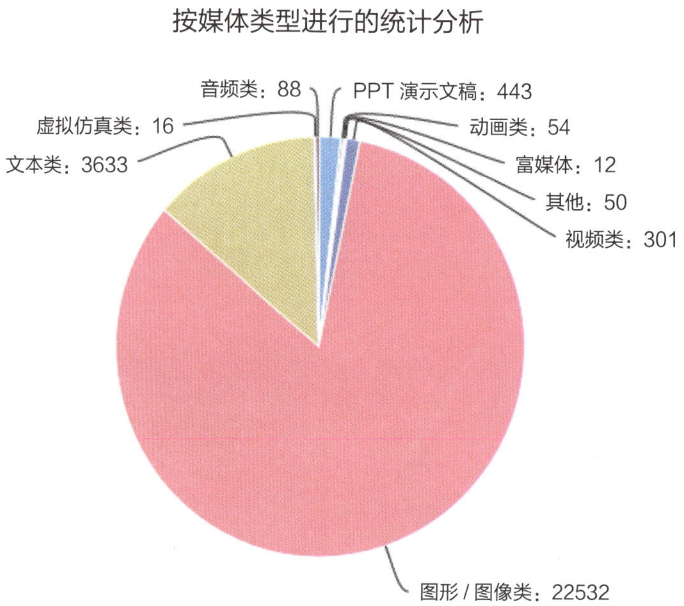

图2-9　资源统计分析图

2．资源转化

民族文化素材及资源向产、学、研、用转化，开发教学化的企业案例138个，系列化的非遗动画32个，系列化的多媒体产品13个，系列化的电子书16个，系列化的非遗特色网站17个，移动APP互动体验产品——景泰蓝，系列化的文创产品20余件套；申报与民族文化传承、创新、应用相关的省部级科研课题3项，市教委科研课题5项，校级重点科研课题12项；搭建微信公众平台，通过移动互联网传播优秀传统文化，图文并茂发布270余条传统文化信息。

3．课程开发

（1）开发微课程

开发传统装饰艺术等专业课和景泰蓝等非遗项目的微课程16门，共计121堂微课。

（2）构建技艺培训课程和“师说非遗”公开课程

应用非遗素材中心的资源，采用积件方式并按教育教学规律构建中国传统金属工艺和传统泥塑工艺美术两门非遗通识课程，景泰蓝制作技艺和北京兔爷制作技艺两门技艺培训课程，艺术的生活、泥人张、景泰蓝、“塑”说北京4门“师说非遗”系列公开课程。

（3）建设结构化专业课程

面向学习者建设了8门结构化的专业课程，包括：

平台课程：非物质文化遗产概论、传统装饰艺术、创意思维设计。

专业课程：传统金属工艺创新设计、泥塑创新设计与制作。

技术服务课程：非遗影像采集、非遗电子读物设计、非遗动画设计。

（4）开发系列教材

开发8本系列化的专业课程教材。详见表2-1。

表2-1 专业课程教材一览表

序号	教材名称	主 编	出版社	备 注
1	非物质文化遗产概论	陈淑姣	人民大学出版社	校本教材已应用
2	传统装饰艺术	戴茳	人民大学出版社	校本教材已应用
3	创意思维设计	李颖	中国轻工出版社	校本教材已应用
4	传统金属工艺创新设计	段岩涛	化学工业出版社	校本教材已应用
5	泥塑创新设计与制作	刘尧远	化学工业出版社	校本教材已应用
6	非遗影像采集	孙磊	中国轻工出版社	校本教材已应用
7	非遗电子读物设计	谭坤	中国轻工出版社	校本教材已应用
8	非遗动画设计	王巍	中国轻工出版社	校本教材已应用

（5）编著“非遗”丛书

开发编著14本非遗项目丛书。详见表2-2。

表2-2 非遗项目丛书一览表

序号	项目名称	编著者	出版社	备 注
1	景泰蓝制作技艺	段岩涛、孟曦	中国轻工出版社	金属系列
2	保安族腰刀锻制技艺 阿昌族户撒刀锻制技艺	李友友、陈金梅	中国轻工出版社	金属系列
3	苗族银饰锻制技艺	戴茳、杨光宾	中国轻工出版社	金属系列
4	龙泉宝剑锻制技艺 张小泉剪刀锻制技艺	石头、张峻、殷锐	中国轻工出版社	金属系列
5	芜湖铁画锻制技艺	庞磊	中国轻工出版社	金属系列

续表

序号	项目名称	编著者	出版社	备 注
6	花丝镶嵌制作技艺	徐彬、岳鹏	中国轻工出版社	金属系列
7	阳城生铁冶铸技艺	刘萍	中国轻工出版社	金属系列
8	天津泥人张	刘尧远、白秀轩	中国轻工出版社	泥塑系列
9	惠山泥人	吕航、窦巍	中国轻工出版社	泥塑系列
10	凤翔泥塑	陈淑姣	中国轻工出版社	泥塑系列
11	聂家庄泥塑	唐芸莉	中国轻工出版社	泥塑系列
12	浚县泥咕咕	吕悦宁	中国轻工出版社	泥塑系列
13	淮阳泥泥狗	孙磊	中国轻工出版社	泥塑系列
14	北京兔儿爷 老北京风情泥塑	刘德欣、吴德寅、 吕悦宁	中国轻工出版社	泥塑系列

4．学生成长

（1）长知识，增技能

通过参与非遗资源建设，将非遗内容与艺术设计相关专业的专业课、实践课、毕业设计等课程深度融合，使学生增长了民族文化知识、提高了数字化艺术处理能力。学生参与非遗素材采集、数字转化建设任务，共采集处理高清图像8000余张、传统纹样矢量图1500余张，整理文本20余万字，设计电子读物14个、非遗动画10个，制作非遗视频20个、非遗网站17个、文创产品10套。

（2）强意识，会应用

通过资源建设与资源应用在课堂教学中交替进行，非遗项目充实了教学载体，丰富了课业选题的文化内涵，作业由概念到实物逐步向产品转化。学生的民族文化传承意识、民族文化产品创新开发应用能力、作品的艺术表现力得到显著提高。

5．平台构建

为保障民族文化传承创新的长效性，北京电子科技职业学院牵头，组织搭建了一系列民族文化产、学、研、用一体化的多元平台，助推民族文化发展。

（1）建设教学资源数字平台——职业教育民族文化传承与创新专业教学资源库

（2）创建传承技艺工作平台——传统金属工艺工作舫

（3）完善设计实践实训平台——职业教育装饰艺术设计实训基地

（4）构建教育合作机制平台——“百校百城”职校联动集群

（5）组建政校企行联动平台——旅游商品产学研联盟

（6）共建市场开发机构平台——北京经济技术开发区文化创新产业联盟

二、项目建设目标完成情况

依照项目建设目标，在项目主持单位、合作院校和行业企业通力合作下，超额完成了资源库各项建设任务。现就项目承诺任务与建设完成任务对比分析，具体完成情况如下。

（一）非遗素材信息中心

面向职业教育、文化创意产业，先行选择传统金属工艺（以景泰蓝为代表）、泥塑工艺美术（以泥人张为代表）采集素材：文本1000个，图片10000幅、音频50个，视频50个。并向传统美术、手工技艺、民间文学、民俗文化等四类百余种国家非物质文化遗产做一定拓展。具体完成情况见表2-3。

表2-3　非遗素材信息中心建设对比分析表

任务指标	实际完成情况	对比分析	完成结论
非遗项目：景泰蓝和泥人张	完成景泰蓝等9种中国传统金属工艺和天津泥人张等8种传统泥塑工艺美术	100%	超额完成
文本1000个	文本2600余个	260%	
图片10000幅	图片18000余幅	180%	
音频50个	音频88个	176%	
视频50个	视频66个	132%	
拓展项目	相关民族文化拓展6项：白族扎染技艺、敦煌艺术、剑川木雕、凤翔年画、马勺脸谱、《西游记的故事》启蒙动画制作及衍生产品开发	新增	
拓展模块	中国泥人博物馆	新增	
	走进博物馆模块		
	传统纹样库		

（二）教学资源转换中心

为实现将素材资源向教育教学资源的转换，共设置如下四个资源库。

标准资源库：与合作单位共同制定资源建设标准20个，职业（行业）标准规范50个。

岗位资源库：收集企业、行业信息100个，职业岗位30个，岗位能力分析100个。

教学转换资源库：将非遗资源素材转化成用于教学的课件8套，习题1000道，电子读物20个，动画30个，企业案例100个以上，“非遗”相关专业人才培养整体解决方案3套。

就业指导库：职业规划案例10个，职业素养案例15个，应聘技巧案例15个。具体完成情况见表2-4。

表2-4 教学资源转换中心建设对比分析表

任务指标	实际完成情况	对比分析	完成结论
标准资源库：资源建设标准20个，职业（行业）标准规范50个	资源建设标准24项	120%	超额完成
	从文化艺术、轻工纺织、装备制造、电子信息、土建等5大类整理与艺术设计专业群相关的岗位标准51个	102%	
岗位资源库：收集企业、行业信息100个，职业岗位30个，岗位能力分析100个	与文创产业相关的行业协会、学会、公司企业、非遗大师工作室介绍100个	100%	
	标准资源库中51个岗位标准包含职业岗位及相关岗位能力分析	100%	
教学转换资源库：教学课件8套，习题1000道，电子读物20个，动画30个，企业案例100个以上，人才培养整体解决方案3套	教学课件8套	100%	
	习题1300道	130%	
	非遗多媒体产品13个、非遗电子书16个、景泰蓝技艺互动APP体验产品1个	150%	
	非遗动画32个，详见附件16	107%	
	企业案例及教学案例138个	138%	
	人才培养整体解决方案4套	133%	
就业指导库：职业规划案例10个，职业素养案例15个，应聘技巧案例15个	职业规划案例及课件17个	170%	
	艺术类专业毕业生案例及职业素养15个	100%	
	简历模板、应聘技巧、应聘简历书写技巧、经典求职面试问答、求职面试常见百问及经典回答提示、应聘者如何提高自身面试技巧等21个	140%	

（三）课程建设应用中心

以“平台+模块”方式构建基于职业能力培养目标的课程体系，采取“双轨交互并行”项目化教学模式，组建企业设计师与校内教师协作团队，按照企业项目运作流程、渗透企业规范设计教学，并融入第三方行业、企业考核评价体系，实施“教、学、训、做、评”一体化教学。共开发8门课程：传统金属工艺创新设计、泥塑创新设计与制作、非物质文化遗产概论、传统装饰艺术、创意思维设计、非遗影像采集、非遗动画设计、非遗电子读物设计，以上8门课程的资源均包括课程标准、教学整体设计、教学单元设计、教案、课件、动画、微课、视频、实训案例、教学成果、拓展资源等，同时开发8本相配套的教材，它们基于艺术设计人才培养目标定位和课程建设目标，承载着全新的教育教学改革理念，能够有效带动其他更多课程的建设开发。具体完成情况见表2-5。

此外，将非遗素材资源以便于在线学习的方式重新组建，形成两门非遗通识课程——“中国传统金属工艺”和“传统泥塑工艺美术”；4门“师说非遗”系列公开课程——艺术的生活、泥人张、景泰蓝、“塑”说北京；两门技艺培训课程——景泰蓝制作技艺、北京兔爷制作技艺。其资源涵盖视频、动画、图片、文献、多媒体产品等形式，尤其是推介各种非遗技艺制作过程的视频，根据非遗传说原创设计的动画片，技艺大师倾情示范和讲解的微课等，具有专业水准，制作精良，深受学习者喜爱。考试管理分为参与度和知识测试两部分，参与度权重占50%以上，旨在鼓励学习者积极自主参与；测试题注重与17个非遗项目相关的基本知识，引导学习者对非遗作基本的了解，不仅激励了更多的学习者积极参与，而且也更加利于资源的普及和推广。

表2-5　课程建设应用中心建设对比分析表

任务指标	实际完成情况	对比分析	完成结论
开发传统金属工艺创新设计、泥塑创新设计与制作、非物质文化遗产概论、传统装饰艺术、创意思维设计、非遗影像采集、非遗动画设计、非遗数字出版物8门网络课程	1. 建设结构化专业课程8门： 平台课程：非物质文化遗产概论、传统装饰艺术、创意思维设计； 专业课程：传统金属工艺创新设计、泥塑创新设计与制作； 技术服务课程：非遗影像采集、非遗电子读物设计、非遗动画设计。 2. 非遗通识课程两门： “中国传统金属工艺”和“传统泥塑工艺美术”。 3. “师说非遗”系列公开课程4门： 艺术的生活、泥人张、景泰蓝、“塑”说北京。 4. “非遗”技艺培训课程两门： 景泰蓝制作技艺、北京兔爷制作技艺	200%	超额完成
微课程8门	建设微课程16门，共计121个视频	200%	
网络课程教材8本	开发专业课程教材8本，非遗项目赏析丛书14本	275%	
创新项目化教学模式；开发艺术理论课程学习“六步法”	实行“双轨交互并行”的项目化教学模式，详见附件28。“走、看、知、临、悟、用”艺术理论课程学习“六步法”	200%	

（四）展示交流学习中心

作品展示区：上传作品与大家分享，可自由评论。

个性化学习区：建立面向社会的个人资源中心，设立资源上传、资源推荐、学习互动模块。以学习者为中心，促进沟通与交流。

大师讲堂：建设3至5个非遗传承人或行业大师的“微课”。具体完成情况见表2-6。

表2-6 展示交流学习中心建设对比分析表

任务指标	实际完成情况	对比分析	完成结论
作品展示区	非遗作品赏析300个，教师优秀作品展示40个	完　成	完　成
个性化学习区	1. 开发特色资源展示区——专业园地； 2. 开发资源库特色界面	完　成	
大师讲堂：建设3至5个非遗传承人或行业大师的“微课”。	开发非遗展艺——景泰蓝；非遗守艺——北京风情泥塑；非遗话艺——民间美术；非遗传艺——天津泥人张等相关四位大师微课程。	完　成	

（五）创作转化推广中心

院校与企业对接，拓宽产学研用渠道，为学校成果转化、企业信息发布提供一个交流互动平台。

设计创作档案室：建立师生优秀作品档案库。

成果转化互动区：将师生创作成果与市场需求对接，并建立市场反馈机制。

企业信息发布站：相关技术、工艺、招聘就业动态信息公告平台。具体完成情况见表2-7。

表2-7 创作转化推广中心建设对比分析表

任务指标	实际完成情况	对比分析	完成结论
设计创作档案室	建立学生创作作品档案100个	完　成	超额完成
成果转化互动区	1. 申报省部级科研课题3项，市教委科研课题5项，校级重点科研课题12项 2. 师生文创产品转化20件套，APP景泰蓝技艺互动体验产品1个，横向科研课题3项	完　成	
企业信息发布站	在专业园地上定期发布一些企业技术、工艺等信息	完　成	
	新增：依托资源库项目，北京电子科技职业学院牵头，构建学、研、产、用一体化多元平台 1. 建设教学资源数字平台——职业教育民族文化传承与创新专业教学资源库 2. 创建传承技艺工作平台——传统金属工艺工作舫 3. 完善设计实践实训平台——职业教育装饰艺术设计实训基地 4. 构建教育合作机制平台——“百校百城”职校联动集群 5. 搭建创意实践创业平台——北京青年创意市集 6. 合建教育传播服务平台——中国非物质文化遗产教育传播中心 7. 组建政校企行联动机构平台——旅游商品产学研联盟 8. 共建市场化开发机构平台——北京经济技术开发区文化创新产业联盟	超额完成	

（六）互动体验传播中心

传统金属工艺移动终端互动体验区：通过移动终端实时播报传统金属技艺和工作室的最新动态、研究成果，每年上传信息100条以上。

传统泥塑移动终端互动体验区：通过移动终端实时播报传统泥塑的相关知识和前沿动态，每年上传信息100条以上。具体完成情况见表2-8。

表2-8　非遗互动体验中心建设对比分析表

任务指标	实际完成情况	对比分析	完成结论
传统金属工艺移动终端互动体验区：100条	传统金属工艺移动终端互动体验区微信信息：110条	110%	超额完成
传统泥塑移动终端互动体验区：100条	传统泥塑移动终端互动体验区微信信息：110条	110%	
	新增：非传统金属工艺与泥塑工艺美术微信信息：50条	超额完成	

三、项目建设推广与应用

（一）项目推广实施，展现民族文化魅力

1．面向院校推广

资源库面向院校广大师生提供在线学习、离线下载学习、在线备课、在线上课、网上测评等教学支持，可使资源库建设成果快捷、高效地在国内各职业院校中得到推广使用。非遗素材、网络课程、技艺培训课程、微课程、网络课程教材和非遗项目赏析丛书是面向院校师生推介资源库建设成果的主体资源。具体推介情况见表2-9和图2-10、图2-11，累计推介院校200余所，产生辐射效应。

图2-10　西安资源库工作研讨会介绍资源库建设成果

图2-11　"百校百城"非遗教学转化教师培训

表2-9　资源库建设成果面向院校推广情况一览表

推介时间	推介平台	主办单位	推介形式	推介地点	学校统计
2013.09.27	职业教育民族文化传承与创新专业教学资源库启动会	北京电子科技职业学院	会议+研讨	北京	30余所共建院校
2014.10.18	"百工录——中国工艺美术非遗传承与创新"子库启动会	苏州工艺美术职业技术学院	成果介绍+互动研讨	江苏苏州	20余所"百工录"子库合作院校
2015.01.19	2015年职业教育专业教学资源库工作研讨会	中国高等职业技术教育研究会教学研究与资源建设委员会、高等教育出版社	成果介绍	陕西西安	100余所与会院校
2015.04～2015.08	"百校百城"机制平台	中传笛声民俗文化（北京）有限公司、北京电子科技职业学院	网络推介+培训会推介	北京	77所合作院校
2015.04.15	现代学徒制：促进校企合作的真正纽带	光明日报社	成果介绍+研讨交流	浙江金华	5所院校+专家学者
2015.05.14	艺术设计教学指导委员会数字媒体与动漫分委会第一次年会	艺术设计教学指导委员会数字媒体与动漫分委会	成果介绍+互动研讨	广东深圳	20余所代表学校
2015.05.15	2015全国高职高专教育艺术设计与服装类专业教学改革与课程建设报告会	全国轻工职业教育教学指导委员会、高等教育出版社	成果介绍+现场访谈	江苏苏州	50余所与会学校

2．面向企业推广

资源库不仅满足了在校师生网络教学需要，也可以满足企业员工、社会学习者职业提升和继续教育的需要，通过建立多个教、学、研、用高端合作平台（合作单位包括国内知名文创企业行业），与多家政校企行多层面、全方位结成共建共享联盟，利用他们先进的技术、高端项目、国家级传承人、学术专家、教授等资源，向企业推广资源库建设成果。其中非遗素材、技艺培训课程、产品创新案例、非遗项目赏析丛书、电子读物是面向企业从业者推介资源库建设成果的主体资源。具体推介情况见表2-10和图2-12，累计推介企业100余家，应用企业项目，反哺教育教学。

表2-10 资源库建设成果面向企业推广情况一览表

推介时间	推介平台	主体单位	推介形式	企业统计
2013.10～2015.10	职业教育民族文化传承与创新专业教学资源库	北京电子科技职业学院	会议介绍、网络推荐、展览展示	30余家共建行业企业
2013.10～2015.10	旅游商品产学研联盟	北京电子科技职业学院、北京工美学会	会议介绍、网络推荐、展览展示	30余家企业
2015.04	北京经济技术开发区文化创新产业联盟	北京电子科技职业学院、北京经济技术开发区管委会	成果转化、市场开发	20余家文创企业
2015.06	中国非物质文化遗产数字化教育传播中心	北京电子科技职业学院、中国非物质文化遗产保护协会、中传笛声民俗文化（北京）有限公司	资源应用，模式借鉴：国内——非遗项目合作（山西平遥非遗项目数字化开发）、国外——民族文化传播	20余家企业
2015.06～2017.06	北京大学生创业市集	北京电子科技职业学院、中国教育电视台高校创意总部	成果转化、市场开发、展览展示	30余家企业
2015.05	传统金属工艺工作舫	北京电子科技职业学院、北京珐琅厂有限责任公司	景泰蓝创新产品研发及传承创新职业人培养	受众广泛
2015.06	智慧城市——教育产品	北京电子科技职业学院、北京捷成世纪科技股份有限公司	资源应用，产品开发：中小学传统文化传播体验产品	受众广泛

图2-12 旅游商品产学研联盟工作会推广资源库建设成果

3. 面向社会推广

参加大型展览展示，面向社会展示资源库建设成果，开放资源库建设相关资源，传播中华民族传统文化。具体推广情况见表2-11和图2-13、图2-14。

表2-11 资源库建设面向社会推广情况一览表

推介时间	推介平台	主办单位	展示内容	受众范围
2013.05.24～27	义乌中国国际旅游商品博览会	国家旅游局、浙江省人民政府	文化创意产品	社会参观者
2014.05.28～06.01	中国（北京）国际服务贸易交易会	商务部、北京市政府	为“中国形象而设计”旅游纪念品设计大赛获奖作品，国家级“非物质文化”进校园	社会参观者
2014.09.10～14	北京国际旅游商品博览会	北京市旅游发展委员会	资源库建设成果——文化创意产品推介	社会参观者
2014.12.11～14	北京国际文化创意产业博览会	文化部、广电总局、新闻出版总署、北京市政府	资源库建设成果推介	社会参观者
2015.05.10～14	中国职业教育展示周	教育部、人社部	资源库建设成果——景泰蓝创新产品，现代学徒制——景泰蓝大师工作室	社会参观者
2013.05～2015.07	陕西、河南等多家全国卫视播出，北京国际机场T3航站楼展出	北京金丁美奇动画有限公司出品，北京电子科技职业学院艺术设计学院协助制作	启蒙版《西游记的故事》动画片及衍生品开发	社会爱好者

图2-13 景泰蓝工艺美术大师钟连盛指导学生完成景泰蓝作品

图2-14 第九届北京文博会，文化部项兆伦副部长参观北京电子科技职业学院资源库成果展

4．面向国际传播

通过学术研讨、技艺培训、交流互访等多种形式，运用动画、多媒体产品等多种媒体手段，向国际传播中华传统优秀文化，提高文化自信，增加文化软实力。具体推广情况见表2-12和图2-15。

表2-12　资源库建设面向国际传播情况一览表

推介时间	推介平台	主体单位	推介内容	传播国家或地区
2013.11	动画推介平台	国家汉办	以动画形式，翻译成德语、保加利亚语、罗马尼亚语三种语言，介绍中国传统文化	德国、保加利亚、罗马尼亚
2013.12	北京景泰蓝和日本七宝烧对话	北京工美学会、北京电子科技职业学院	技艺培训、资源库成果推介	日　本
2013.12	学术交流平台	北京电子科技职业学院、中国台湾高凤数位内容学院	民族文化传承	中国台湾
2014.04	奥地利青年代表团	团中央	传播民族优秀传统文化	奥地利
2015.05	孟加拉青年访问团	团中央	传播民族优秀传统文化	孟加拉

图2-15　外国青年访问团中国传统文化互动体验

（二）项目应用实践，弘扬民族文化精髓

1．学习应用：设置校级公选课

北京电子科技职业学院全校师生全部注册，充分利用课堂教学时间和业余时间，提高资源的使用率。资源库中的10门课程均已被作为校级选修课供广大师生业余学习，资源库平台自2015年5月运行以来，选课达1189人次，实现了传承、创新、传播民族文化，提高学生传统文化素养。

2．教学应用：融入专业实践教学

实行资源库建设与教学课程融合，近两年先后与艺术设计相关专业的理实一体课程、专业实践课程、毕业设计、假期社会实践相融合，师生既是资源库的建设者、参与者（学生优秀作品入库），同时也是资源库的使用者、受益者（使用资源库资源进行教学与创作）。如2014～2015第2学期，我校多媒体设计与制作、电脑艺术设计、广告设计与制作、产品设计、影视制作等五个专业使用资源库平台进行教学学时数占总学时数的平均百分比达72.6%。

3．设计应用：创新产品设计开发

将资源库建设任务与师生、技艺大师的创作融合，先后开发传统金属工艺与泥塑工艺美术相关产品，主要包括文创产品20件套，动画32个，系列电子读物16个，系列多媒体产品13个，APP产品1个，对民族文化创新应用与实践做了有益的尝试。

4．科研应用：研究课题师生受益

以教师自身承担的资源库建设任务为载体，先后申报了4项省部级科研课题、5项北京市教委社科计划面上项目科研课题、12项校级重点科研课题及多项大学生创业与科研行动计划项目，为民族文化传承与创新奠定了一定的理论研究基础。

5．服务应用：搭建面向社会的多元平台

以职业教育民族文化传承与创新专业教学资源库项目为依托，先后搭建了民族文化传承创新平台、设计制作平台、机制创新平台、创业实践平台、教育传播平台和市场化开发平台。应用资源库建设的业务标准和技术标准，完成社会和企业项目5个，资源库服务社会功能逐渐显现。

四、项目建设对传统文化传承与发展的贡献

在保护中传承，在传承中创新，为民族守艺，为文化存根。职业教育艺术设计类专业建设应担负起民族文化传承创新的重大责任和义务。以职业教育民族文化传承与创新专业教学资源库项目建设为载体，北京电子科技职业学院在培养民族文化传承创新人才方面做了一些有益的探索与实践。

（一）非遗标准化采集加工，为民族文化保护——专业守艺

1．遵循行业企业规范，采集非遗素材，达到专业水准

运用相关数字技术手段，采集加工非遗素材，与专业企业合作开发，按照相关企业行业规范标准处理、后期制作，资源库中所有文献均经过标准化整理，图片资源兼顾线上浏览及线下印刷需求，视频、动画可跨媒体播放。两年来，共采集中国传统金属工艺9项：景泰蓝制作技艺、保安族腰刀锻制技艺、阿昌族户撒刀锻制技艺、苗族银饰锻制技艺、芜湖铁画锻制技艺、龙泉宝剑锻制技艺、张小泉剪刀锻制技艺、北京花丝镶嵌、阳城生铁冶铸技艺等；采集中国传统泥塑工艺美术8项：天津泥人张、北京兔爷、北京风俗泥塑、凤翔泥塑、无锡惠山泥人、河南泥咕咕、河南泥泥狗、高密聂家庄泥塑等，以及10余家省市级博物馆馆藏珍品，遍及15个省市自治区。共采集数字化原始素材1170G，其中文本

385MB，60余万字；图片1170G，23121张；视频562G，2620个；音频6.77G，122个；采访20余位国家级、省级传承人或技艺大师。这些原始素材中，有的是依靠口传心授加以传承的手工技艺，有的是珍贵的工艺作品和相关资料，有的是原料稀缺、濒临消失的非遗种类，为非遗保护传承累积了大量原始资料。

2．非遗素材整理加工转化，方便不同用户学习与领悟

合理利用、传承发展，把保护传承和开发利用结合起来，将大量的非遗素材资源转化为文化产品。主要包括：为青少年和儿童开发的动画体验；为感兴趣的爱好者开发多媒体产品介绍；为初期学习者开发电子书展示；为专业学习者开发的专业课程和技艺培训课程及微课程；针对移动互联网开发的微信平台、APP互动产品、电子读物等。面向不同用户，全方位、跨平台、全媒体展示非遗技艺，面向社会共享教育资源，领悟传统文化的精髓，为保护民族传统文化而专业守艺。

（二）技艺大师进校园课堂，为民族文化留根——大师传艺

1．技艺大师进校讲座和授课，传授传统文化知识和技艺

面向首都文化创意产业，结合专业建设和文化素养提高的需要，聘请工艺美术大师，把非遗项目引入校园、带进课堂；面向职业教育和继续教育，举办专题讲座，通过专业教学传授传统文化知识和传统技艺。近年来已有10余位技艺大师来校讲座和授课，累计达800余学时。

2．创建大师工作室，共育文化传承职业人

固化传承模式，创建技艺大师工作室，大师深入艺术设计专业群建设，参与制定专业人才培养方案，建立专业课程体系，参与开发核心课程及实践教材建设，参与现代设计理念应用于传统工艺创新方法的课题研究，共同完善“大师工作室”运行管理机制，保障民族文化与传统技艺传承，培育文化传承职业人和青年教师。近年来培养学生近千人，青年教师10余名。

（三）与教育教学深度融合，为民族文化传承——学生学艺

1．开发教学案例，促其向教学固化，学生受益

将优秀师生作品从教学任务指导书、实施说明、过程文件包三部分转化为教学案例；相关行业企业技艺大师产品从创意来源、设计过程、工艺过程、成品展示四个方面开发企业案例，促其向教学固化，为民族文化传承教育教学提供参考，合计开发138个，为学生学艺提供了鲜活的教学资源。

2．互联网+课程融合，实现课上课下、校内校外贯通培养

传统文化与课程融合，开发面向学习者自主学习的结构化专业课程8门；开发面向非遗技艺传承与创新，包括文化内涵、艺术特色、技艺实践三个模块的技艺培训课程两个；

开发专题设计小微、技术手段细腻、专业知识深入、教学设计完整的微课程119个。开发网络课程纸质教材8本，“非遗”项目赏析丛书14本，移动互联网平台电子书16本，实现课上利用传统网络系统学习到课下利用移动互联网碎片化学习的全过程贯通培养。

（四）助推产学研用一体化，为民族文化创新——师生用艺

1．举办技能竞赛，政校企行协同创新

由中国工艺美术学会主办，北京电子科技职业学院与多家行业企业和兄弟院校联合承办“为中国而设计”第四届全国旅游纪念品设计大赛。大赛吸引了来自全国100余所本科院校、高职院校、企业、行业协会的积极参与，共收到2000余件（套）作品。北京电子科技职业学院学生与众多本科院校学生同台竞技，分别荣获“北京礼物”“城市旅游纪念品”“景区旅游纪念品”“古城漫游记”设计金奖。大赛首次尝试融合当地传统文化，设置各地的分主题，使得作品呈现了鲜明的地域文化特色，部分获奖作品将被北京工美集团等企业二次开发后推向旅游商品市场。通过技能大赛搭建学校办学与区域经济联动互动的平台，探索了政校企行四方联动文化育人的创新机制。

2．与师生创作融合，促其向市场转化

采用课上与课下紧密结合的教学方式，课上工美大师传承技艺，专业教师采用理实一体化教学，“双师”共同对学生进行传授和指导；课下以项目小组为单位，学生自主学习，教师指导创作，围绕真实项目共同研讨开发。目前创新设计20余件（套）文创产品，其中30%以上获得国内相关级别竞赛的奖项，40%经二次开发投入生产，将由“旅游品产学研联盟”中的生产经销企业推向文化创意及旅游品市场。

3．与教师科研融合，促其向应用研究领域深化

传统文化应用与教师科研融合，促进向应用研究领域深化，为民族文化传承创新提供理论依据与技术支撑。近年来，先后成功申报省部级科研课题3项，北京市科研课题5项，校级重点科研课题12项。

（五）创新成果展示与交流，为民族文化传播——师生展艺

1．与学生社会实践融合，提高对传统文化的认知

传统文化体验与学生社会实践、创新创业实践融合，与大学生思想政治教育融合，在校园播种，在社会传播，学生既是民族文化保护传承的生力军，又是民族文化创新传播的主力将，促进学生自主学习意识与参与意识，提高对传统文化认知的自觉性和自信心。

2．参加大型展览展示会及交流会，推介民族文化传承创新成果

弘扬民族文化，向社会推介民族文化传承创新成果，先后参加义乌中国国际旅游商品博览会、中国（北京）国际服务贸易交易会、北京国际旅游商品博览会、北京国际文化创意产业博览会、职业教育展示周等10余次大型展览展示会及光明日报社主办的现代学徒

制创新模式研讨会和国际交流活动，产生了较大的市场反响和社会效应，并先后与中传笛声民俗文化（北京）有限公司、无锡惠山泥人厂、北京捷成世纪科技股份有限公司等多家公司开展文创产品生产与市场应用推广合作。协助北京金丁美奇动画有限公司开发启蒙版动画片《西游记的故事》在陕西等十几家卫视播出，建设成果及衍生品开发于2015年1月在北京国际机场T3航站楼展出。

（六）构建多元化应用平台，为民族文化发展——多方弘艺

1．建设教学资源数字平台：国家级职业教育民族文化传承与创新专业教学资源库

2013年9月北京电子科技职业学院作为主持单位获批国家级职业教育民族文化传承与创新专业教学资源库项目。以中国传统金属与泥塑工艺美术、中华刺绣等非物质文化遗产和中华老字号为资源载体，应用数字媒体技术，按照行业规范和职业标准，“政校企行”共建具有国内外先进水平的大容量、共享型、互动式、持续更新的职业教育民族文化传承与创新专业教学资源库。

2．创建传承技艺工作平台：传统金属工艺工作舫

以国家级非物质文化遗产景泰蓝制作技艺传承人、中国工艺美术大师钟连盛为带头人，北京市珐琅厂有限责任公司作为牵头企业，联合熊松涛等20余位工艺美术大师，整合北京及周边传统金属工艺产业相关资源，共建传统金属工艺工作舫。积极推动传统金属工艺研究与发展，建立产品研发与技术服务长效机制，创新现代学徒制传承模式，培养有创意、能设计、会研发、懂市场的现代职业人，让传统金属工艺制作技艺得到更好的保护、传承、创新和发展。

3．完善设计实践实训平台：职业教育装饰艺术设计实训基地

2013年10月北京电子科技职业学院申报获批中央财政支持，建设国家级职业教育装饰艺术设计实训基地项目。现代部从设计到量产全程数字化服务教学及商业客户，精确评估管理每个设计专案；传统部将传统手工艺与数字技术结合，传承与创新民族文化，扩展与深化文化内涵，涵盖金属、木艺、陶艺、传统印刷、纤维皮革工艺、包装工艺等，为民族文化传承创新提供设计制作平台。

4．构建教育合作机制平台：“百校百城”职校联动集群

在文化部非遗司和教育部职成司的大力支持下，由中传笛声民俗（北京）有限公司和北京电子科技职业学院牵头，依托全国百家开设艺术类专业的高职名校，对接当地百座文化名城，开展文化创意设计教育，构建共同开发建设专业教学资源的长效合作机制，发挥各地优势和特点传承民族文化。

5．组建政校企行联动平台：旅游商品产学研联盟

面向首都文化创意产业，整合北京及周边旅游品产业、文创产业等相关的政府、行业、企业资源，组建了“旅游品产学研联盟”。联盟以“北京礼物”设计和全国创意大赛

项目为载体，专题研讨高职艺术相关专业的建设，传承民族文化传统技艺，形成了旅游商品产业与设计创意、教育培训协同发展的网络，成为一个展示、交流旅游商品策划方案、项目成果、个人成就和创新理念的平台。

6．共建市场开发机构平台：北京经济技术开发区文化创新产业联盟

由北京经济技术开发区管委会发起，北京电子科技职业学院艺术设计学院及20余家文化创意产业公司牵头组建北京经济技术开发区文化创新产业联盟，致力于让创意从产品变为商品，致力于民族文化资源市场化开发。

五、项目建设特色与创新

（一）“六艺”贯通，培养民族文化传承创新职业人

让“非遗”进校园、进课堂、进教材，入脑、入心、入手，在保护中传承，在传承中创新。非遗标准化采集加工，为民族文化保护守艺；技艺大师进校园课堂，为民族文化留根传艺；与教育教学深度融合，为民族文化传承学艺；助推产学研用一体化，为民族文化创新用艺；创新成果展示与交流，为民族文化传播展艺。守艺（保护）、传艺（传承）、学艺（学习）、用艺（创新）、展艺（传播）、弘艺（应用）“六艺”贯通，学、做、用、展、演、销“六维”一体，培养民族文化传承创新人。

（二）平台助力，形成民族文化传承创新长效机制

以职业教育民族文化传承与创新专业教学资源库项目为载体，构建民族文化传承创新资源建设、技艺传承、教育机制创新、成果转化实践、文化教育传播、市场化开发等6个产、学、研、用一体化多元平台，形成民族文化传承创新的长效机制。实现专业人才培养与非物质文化遗产传承对接，职业教育与民族文化双向互动、协同发展，保存、传承、传播和创新中华民族传统文化。

（三）资源建设，规范、标准与方法具有引领示范作用

按地域性、代表性、现实价值遴选国家级非物质文化遗产作为资源载体，资源具有深刻的民族文化内涵。各级各类的技艺传承人均体现出高尚的敬业精神，高超的专业技艺，高度的专业水准，朴实的为人之道，让素材资源不仅显得厚重，而且闪烁着熠熠光彩。按行业规范采集，保留原汁原味的传统技艺；按企业技术标准制作，资源呈现富媒体、跨终端、“互联网+”传播；按教育教学规律开发，将企业真实案例转化为可学、易学、乐学的学习资源。因此，引领示范作用主要体现在素材采集选项全、加工整理数量多、应用领域范围宽、媒体类型传播广、学习受众范围大、数字技术制作精、资源建设质量高等方面。

并且，将资源建设与课程改革融合，与师生学习创作融合，与教师科研应用融合，师生既是资源库资源的使用者，也是资源的建设者。因此，合作院校师生能够最先分享到鲜活、优质的资源，参与度得到不断提升。目前资源建设已进入边建边用、良性循环的轨道。

六、典型学习方案

（一）“非遗项目：景泰蓝制作技艺”学习方案

1．项目介绍

景泰蓝又名铜胎掐丝珐琅，从元代至今已有600多年的历史。2006年“景泰蓝制作技艺”被列为第一批国家非物质文化遗产名录，目前景泰蓝工艺取得了一定的突破和创新，但普通大众对景泰蓝缺乏认知，使其与大众日常生活脱节。尤其是随着移动互联网的发展，多数青少年在课余成为“低头一族”，对传统技艺的关注不够。现有的博物馆、书籍、画册资料很难满足现代快节奏的环境下向大众传播景泰蓝的需求。

国家级民族文化传承与创新专业教学资源库的建设成为保存、传承、传播和创新民族文化的重要平台，解决资源与需求的突出问题，实现优质资源共享，满足各类受众关注、传播、学习、应用“非遗”资源的需要。对景泰蓝感兴趣的少年儿童可以通过景泰蓝动画和电子读物以寓教于乐的方式了解景泰蓝知识；景泰蓝爱好者可以通过跨终端景泰蓝电子书利用碎片化时间阅读；艺术类在校生和传媒企业设计师可以通过资源库中的课件、微课、文字、图像、音视频等资料详细学习；教师可通过模块化的资源在线搭建课程，同时师生及设计师作品可通过平台实现在线交流和产品转化。

2．学习资源解析

（1）素材采集加工

标准化、碎片化、数字化采集和加工景泰蓝制作技艺资源素材，共采集加工景泰蓝文本113个，图片678幅、音频4个，视频8个。其中经过提炼、加工和整理的图、文、视频等素材均出自于采访大师的一手资料，归纳成为历史由来、工艺流程、名家传记、作品赏析、风俗奇趣、影音非遗、图说非遗七个方面，成为研究景泰蓝历史、工艺、流传、风俗等重要的工具资料。图片资料主要有高清原始素材、去背景高清图像、衬底高清分层图像，它们是设计师、艺术院校师生设计开发文创产品的优质素材，见图2-16。景泰蓝视频采集加工分为景泰蓝综述、景泰蓝工艺和景泰蓝大师访谈录三个主题，综述介绍景泰蓝技艺的整体情况；工艺主要展演景泰制胎、掐丝、点蓝、烧蓝、磨光等制作过程；大师访谈是大师针对景泰蓝保护、传承、创新的问题阐述自己的观点。见图2-17。

图 2-16　修复后的景泰蓝作品

图 2-17　景泰蓝制作工艺之掐丝视频截图

（2）动画体验

结合景泰蓝历史、风俗及工艺，开发适合青少年和儿童用户浏览观看的动画3个，以寓教于乐的动画方式讲述景泰蓝的风俗、工艺及流程。根据该动画资料包转化的教学案例为艺术院校动画教学提供了丰富的资源。其中，教学案例包括动画源文件、创意说明、设计过程说明、知识点、制作步骤及完成该动画需要的资源。通过教学案例还原动画设计制作全过程，学生可自主学习，教师可将其作为教学辅助资料进行课堂教学演示。见图2-18。

图 2-18　《景泰蓝》动画截图

（3）多媒体产品介绍

景泰蓝多媒体产品以丰富的图像、音视频、动画、文字画外音解说等多种媒体的交互试听体验为主要表现形式，因此其内容系统化、全面化、逻辑化，用户根据需求可多次查阅，以精读为主。因其表现内容碎片化、个性化、学习时间灵活化，通常适合青少年、社会爱好者学习。景泰蓝多媒体产品发挥大屏幕的优势，全方位介绍景泰蓝的工艺和文化。同时，基于工作流程将景泰蓝多媒体产品转化为教学案例，从多媒体产品的构思、策划、设计、制作、发布全过程讲解案例形成过程。见图2-19。

图 2-19 《景泰蓝》多媒体产品

（4）电子书展示

图文并茂且配有声音的景泰蓝电子书是社会爱好者、初期学习者了解景泰蓝历史知识、技艺的有效载体。基于PC端的电子书适合浏览者多次查阅，以精读为主。基于移动端的电子书方便快捷，适合“低头一族”空余时间碎片化阅读。见图2-20。

图 2-20 《景泰蓝》电子书

（5）APP互动产品体验

基于移动终端平台的沉浸式交互游戏，将景泰蓝复杂的中国传统工艺流程用身临其境的体验形式移植到虚拟的移动终端APP产品上。将景泰蓝传统工艺与虚拟交互技术手段相结合，用户通过移动终端可以置身于真实的景泰蓝制作环境中体验景泰蓝的制胎、点蓝、烧蓝、磨光等工艺流程，通过游戏体验，用户可以自主完成一个完整的景泰蓝作品。同时，在硬件条件允许的情况下，可实现3D打印。此产品以APP的形式发布，应用于移动终端供用户下载体验。玩家在玩的过程中体验景泰蓝的工艺流程，游戏中提供的花纹、色彩、器型塑造功能可让用户在了解景泰蓝知识的基础上进行景泰蓝产品创作，有较强的趣味性，适合儿童、青少年、社会爱好者学习。见图2-21。

图 2-21　《景泰蓝》APP

（6）移动网络微信平台

资源库微信公众平台自2014年4月2日上线至2015年6月29日，已发布民族文化相关信息267条，成为资源库建设互动体验的重要组成部分。已经发展为总用户数537人的分享、交流平台，用户包括北京、天津、河北、河南、陕西、贵州、云南、山西、陕西等省份的师生、社会人士、专家学者等，共发布558条互动交流信息，成为民族文化传承与创新专业教学资源库建设及推广的重要渠道。微信平台成为青少年、社会爱好者、初期学习者、行企从业者、专业学习者、专业教师碎片化学习的又一重要渠道。见图2-22。

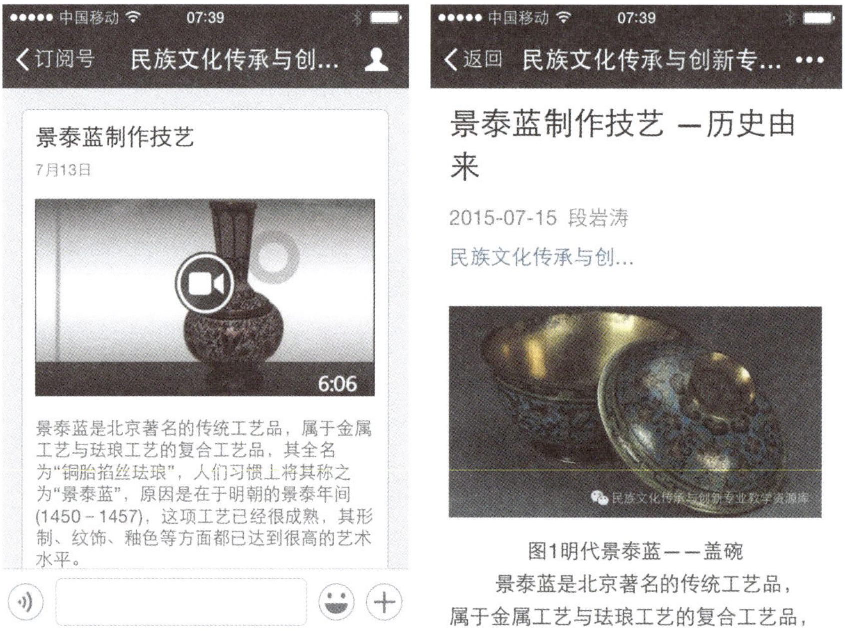

图 2-22　资源库微信公众平台

（7）教学案例

围绕景泰蓝动画、多媒体产品、景泰蓝优秀作品和企业产品开发教学案例，由作品原始文件、素材包、创意过程实现技术讲解，是对景泰蓝教学过程中一个实际情境的描述，叙述的是景泰蓝动画、多媒体产品及文创产品的产生、发展历程。相关行业企业技艺大师产品从创意来源、设计过程、工艺过程、成品展示四个方面开发企业案例，成为学生自学和教师教学的有效工具。见图2-23。

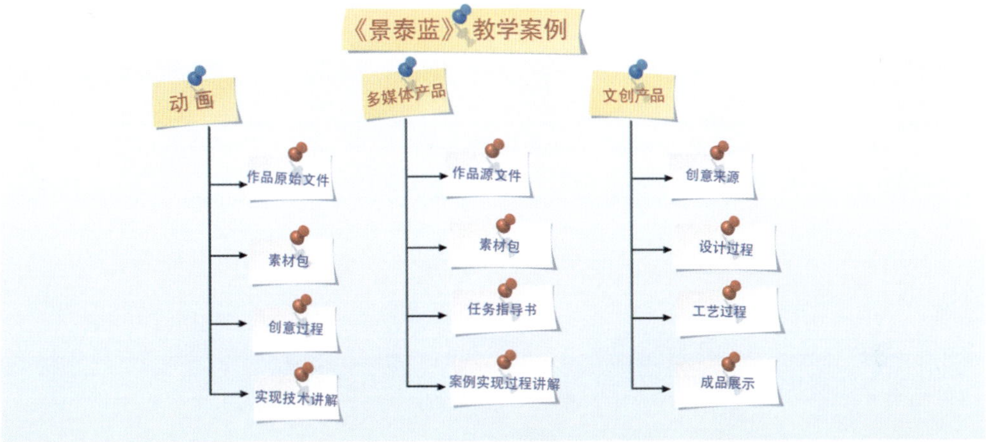

图2-23 《景泰蓝》教学案例

（8）微课程

针对不同层次的景泰蓝学习者开发微课。有景泰蓝综述、景泰蓝工艺、景泰蓝大师访谈录等导入型微课，便于初级学习者快速学习景泰蓝。在《中国传统金属工艺创新设计》课程中有针对景泰蓝得名的微课，详细讲述了景泰蓝的历史由来。由景泰蓝传承大师钟连盛主讲的十集微课《景泰蓝》，从景泰蓝概述、制胎、掐丝、点蓝、烧蓝、磨光、镀金起源、百年老字号、景泰蓝技艺的发展、景泰蓝未来发展等十个方面详细讲述了景泰蓝的历史、技艺及未来发展的趋势，适合艺术院校的师生及文创企业设计师学习。

（9）技艺培训课

景泰蓝特色技艺培训课由北京市工艺美术大师丁鸣鸿先生开发。丁鸣鸿大师擅长复原明清的景泰蓝经典作品，本着“跟随时代、贴近生活、表达情感”的设计理念，成功复活多种失传百年的景泰蓝绝技，独创“红梅系列”等多种景泰蓝新品。他的作品曾获得中国工艺美术大师精品奖（西湖博览会）金、银、铜奖。丁大师主讲的景泰蓝特色培训课程非常适合对景泰蓝技艺感兴趣的初期学习者、行企从业者、专业学习者、专业教师学习。

（10）结构化专业课程

《传统金属工艺创新设计》课程包含以景泰蓝为主的九种金属工艺的非遗资源，主要包括基础理论、基础技法实训、工艺应用及造型创新实训、装饰纹样应用创新实训、赏析五大板块。形成从理论到实践、再提高理论认识、再应用于实践这样一个传承到创新过程的跨越。结构化专业课程适合行企从业者、专业学习者、专业教师学习。

（11）产品创新实践

景泰蓝制作技艺的独特性使得它能与当代的首饰设计、文化纪念品、旅游品、景观设计、装饰品设计相结合，并融入当代庞大的设计链条。在进行资源库建设的过程中，涌现出了大批景泰蓝融合设计的创新作品，并在各项专业设计比赛中获奖。这些设计作品通过挖掘其工艺的独特性，从工艺角度出发，进行跨界设计，拓展传承思路，取得了景泰蓝技艺创新实践的长足发展。以非遗作品赏析、师生优秀作品档案为核心内容的产品创新实践模块，适合初期学习者、行企从业者、专业学习者、专业教师学习。见图2-24。

教师优秀作品档案

学校名称：北京电子科技职业学院　　　　作品代码：

作品名称	富裕和美	职　称	讲师
专业名称	装饰艺术	作者姓名	孙磊
专业特长	文创产品设计	邮　箱	sunleisunlei@163.com

作品展示：

作品介绍(200-500字)：

民间美术千年流传下来，具有鲜明的特征，即"图必有意，意必吉祥"。该作品借用民间美术最常用题材"连年有余"，以清新雅致的莲花、鲜活生动的鲤鱼作为主体形象，再融入了"云龙海水"作为陪衬，五个蝙蝠环绕四周，集聚了富饶、繁衍、福寿、风调雨顺等多重吉祥寓意；作品吸收中国工笔画渲染效果，采用民间木版年画鲜艳的暖色为主，利用景泰蓝制作精细华贵的特点，使得传统技艺与各类艺术表现手法相互结合，充分体现传统装饰艺术新鲜感的再创造。

图2-24　景泰蓝产品档案

（12）应用研究

近两年来，传统文化应用与教师科研融合，先后申报多项省部级、司局级、校级科研课题，促进教师向应用研究领域深化。资源库建设与教师教科研融合的模式给传统技艺应用研究提供了借鉴，科研课题转化的成果为行企从业者、专业学习者提供了学习民族文化的案例。

3．学习路径设计

根据学习者的年龄分为儿童用户、青少年用户和社会爱好者；根据学习者的熟练程度分为初期学习者、专业学习者；根据学习者的身份分为行业从业者和专业教师。以上述12种景泰蓝资源为依托，结合不同层次用户的需求与接受习惯，为各个层次的用户量身定做了适合自己的学习路径和不同层次的目标，见图2-25。

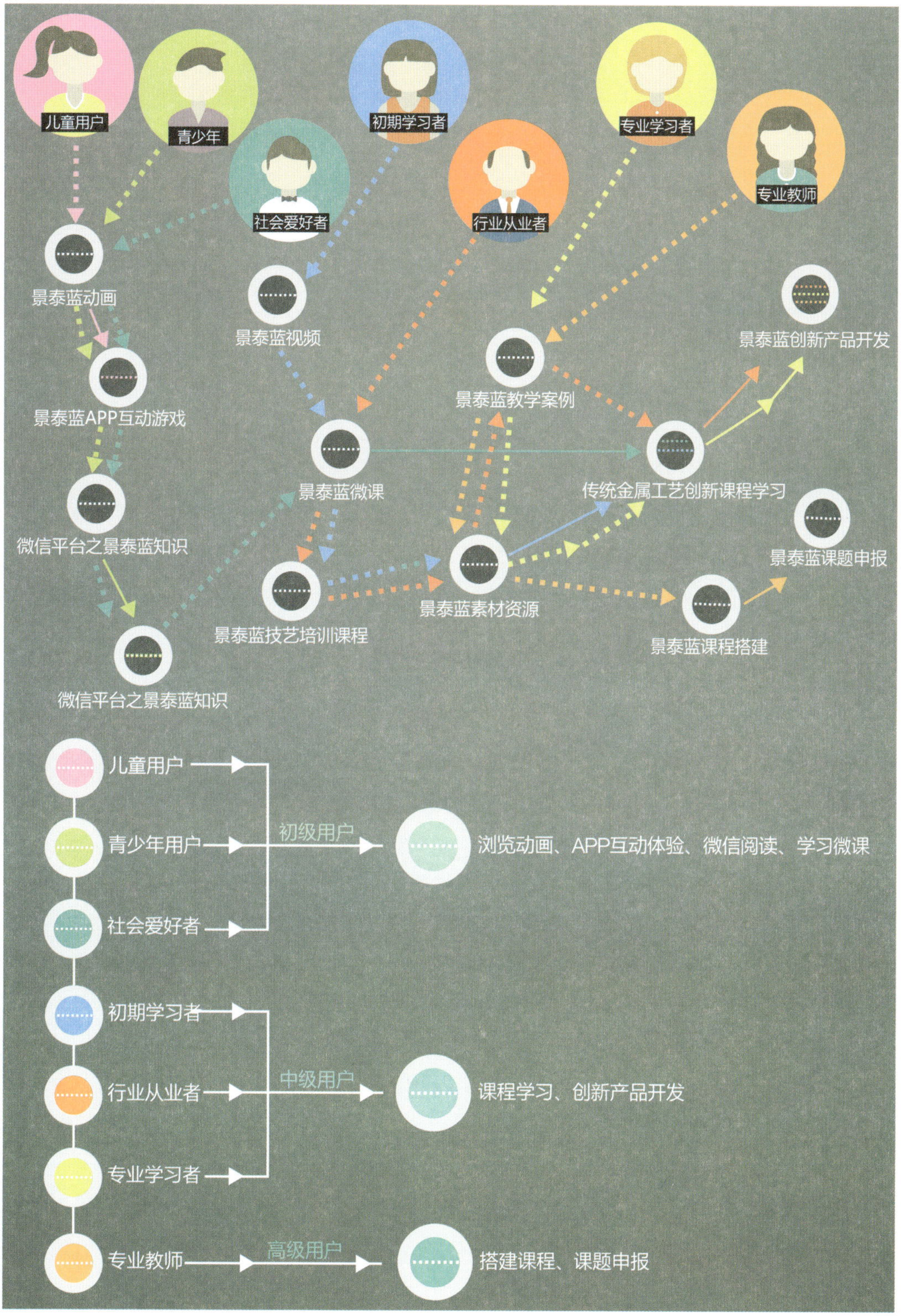

图 2-25　景泰蓝学习路径设计

（二）“专业课程：传统装饰艺术”学习方案

中国历史文化内涵丰富、博大精深，集聚了古代先辈们的智慧和财富，传统装饰艺术属于历史文化重要的组成部分。其装饰艺术价值主要体现在以下几个方面：从表现内容看，主题鲜明，饱浸文化内涵；从呈现形式看，仪态万千，覆盖衣食住行；从制作技艺看，巧夺天工，师徒世代相传；从创新发展看，古为今用，引领民族风尚。

1．课程设置源于传统文化传承创新人才培养

（1）课程定位

传统装饰艺术课程以“传统装饰艺术审美观”为理论支撑，沿着中国历史发展的时间脉络，围绕中国古代工艺美术和民间美术经典作品，传授装饰艺术形式美的基础理论知识，推介部分非物质文化遗产中的传统技艺，传播民族文化，展现装饰艺术发展美的历程，是艺术设计专业的专业技术平台课程。

（2）课程目标

本课程主要针对装饰纹样及工艺品造型，学习探究具有鲜明时代风格特征的装饰美。从传统工艺美术和民间美术经典作品出发，了解其时代背景、历史沿革、文化内涵、审美特征等知识，以加深对中华民族装饰艺术内涵的理解；临摹传统装饰艺术经典作品，体验传统技艺，初步掌握传承、创新与应用的基本方法，逐步形成善于思考和自主学习的良好习惯。

通过学与教互动、看与做实践、知与行合一，拓宽眼界，提高修养，增强能力，为培养具有民族文化艺术素养、能够传承创新的艺术设计人才奠定基础。

2．课程素材基于传统文化富于装饰色彩

（1）课程知识领域资源

根据艺术类相关专业人才培养方案对专业基础课程的定位，综合考虑各艺术设计院、系各专业对本课程的学习需要，选取教学内容面向艺术类所有专业及社会、企业学习者，教学载体从传统工艺美术和民间美术中选取最具代表性的作品，主要解析传统装饰纹样、器型和相关技艺，学习资源从以下8个主题展现，见图2-26。

（2）教学管理文件资源

主要针对教师教学的文件：《课程标准》《课程整体设计》《课程单元设计》《课程教案》等。

（3）其他资源

资源库其他素材为本课程提供了各类极其丰富的资源：如中国传统金属工艺和泥塑工艺17项非遗技艺图文、音视频、动画等资源，其余还有2000余幅吉祥纹样图片，20余个文档，40余个PPT演示稿，10余个视频影音以及若干动画、多媒体产品等形式的资源。

3．教学设计注重理实一体，实施知行合一

通过走、看、知、临、悟、用“六步法”，学与教互动、看与做实践、知与行合一，

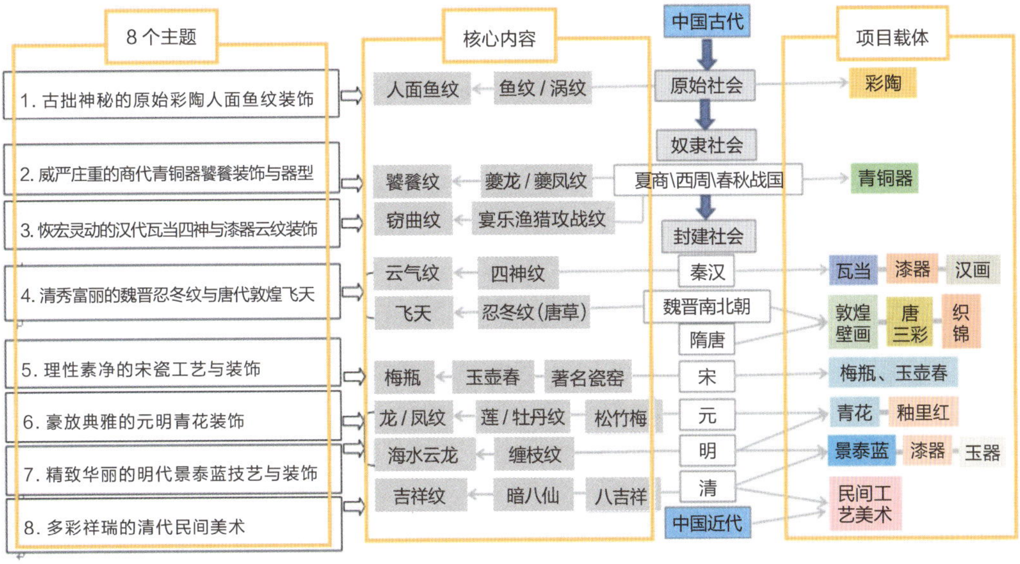

图 2-26 课程学习素材资源纵横关系示意图

拓宽眼界，培养具有民族文艺素养、传承创新技艺的准职业人和兴趣爱好者。

（1）人、活动与随兴的学习方法

➢学习者是教学主体，教学设计首先要满足各类学习者个性化、跨时空的学习需求，遵循人的认知规律，引导学习者从感性认知逐步深入到能够掌握理性探究的方法。

➢将学习行为分为“走、看、知”与“临、悟、用”两个层面实施教学，以知行合一为目的，知会交替、理实相融。

➢借鉴“翻转课堂”的教学理念，打破校内校外、课上课下界限，将传统的“一言堂”与网络课堂、移动课堂联动互动，营造自由、轻松的艺术学习氛围，使每个学习者不仅能够随心随性成为真正的学习主人，还能够成为传统装饰艺术、民族文化与技艺的传承人、传播者。

（2）关怀兴趣爱好与专业学习两个需求层面的学习手段

学习者须首先明确自己的学习需求，如：是兴趣爱好还是专业学习。

➢适合兴趣爱好学习者的学习手段

根据兴趣爱好者的学习需求，建议采取“走、看、知”的学习手段实施教学。

“走”：引导学习者利用业余时间走进博物馆，或就近安排历史古迹短期旅游，或网上浏览古迹，或走进传统文化产品生产和销售市场、文化艺术集聚区、创意市集等实地参观考察；应纳入学习计划，提前安排。

“看”：一方面是走出去看，另一方面也可在线观摩。通过推介观看一定数量的传统装饰艺术经典作品图片、微课视频和相关“非遗”项目宣传片等，从感性认知提升到理性赏析。

“知”：不仅指知识，主要是指知晓、了解。结合相关专业基础理论知识，引导学习者学会用专业的眼光去欣赏，积累学习经验，获得更多的专业知识和学习方法。

➢适合专业学习者的学习手段

根据专业学习者的需求，建议采用“临、悟、用”学习手段实施教学。

“临”：临摹是学习者通过亲手绘画而深入掌握学习内容的一种重要体验。有计划地安排动手临摹典型装饰纹样和器型（手绘色彩稿和线描）的学习任务，定期组织手绘稿展示交流，创造技艺切磋的平台空间。

“悟”：指学习者的领悟、感悟、顿悟。主要以文字与语言方式来表达，撰写“微论文”进行归纳总结，用“精语言”在面授课堂和线上交流；将前面“走、看、知”和临摹的学习体验融入对中国传统文化内涵的感悟，这时的学习已经开始步入研究的深度。

“用”：这是学习传统装饰艺术的终极目标。将中国元素经过提炼加工，有机融入某个单一或小型的设计项目中，初步尝试创意设计与实际应用。增强学习者艺术修养，并为后续课程的学习奠定基础。见图2-27。

图2-27　走、看、知、临、悟、用教学实施“六步法”示意图

提示：“临、悟、用”学习手段比较适合具备一定美术基础和设计能力的学习者。

对于兴趣爱好和专业学习两个需求层次的学习者而言，以上教学实施“六步法”，并不是单纯地理解为教学只能从前后时间顺序上去安排，不是必须“走、看、知”学完，才能开始“临、悟、用”，它们之间并没有直接的因果、逻辑关系，而是为了便于两类需求学习者根据自身情况，在选择不同的学习途径和方法时能够有所侧重。“临摹（或写生）、感悟、应用”与“游走、观看、认知”始终是一个有机统一而交互的整体。如先从书本、课堂获得一些理性知识，再去博物馆看实物，可以加深感性认识；或先临摹自己喜欢的传统纹样，再去古迹实地游览或网络搜寻，了解更多时代、文化背景知识，也会有不一样的感悟和体会。

因此，“六步法”将在学习过程中反复更替、穿插而相互作用，从而训练学习者逐步掌握专业知识与技能，积累经验，养成良好的学习习惯，提升自身综合素质和专业能力。

4．评价考核着眼综合能力，导向传承创新

本课程考核评价主要分为综合能力评价和实操能力评价，前者占总成绩的45%，后者占55%。

（1）综合能力评价

➢出勤、课堂参与主动态度：包括记录整理课上、课下学习笔记，有关传统工艺美术基本概念、划分，历史年代，社会背景，风格特征等，占15%。

➢学会语言、文字表达：部分单元“微论文”感悟，结课时“精语言”汇报，占25%。

➢学会查找、整理信息：课后搜集相关资讯，按照图片、文字、视频等形式归纳整理，占5%。

（2）实操能力评价

➢手绘临摹：从每个主题单元中选择自己最感兴趣的装饰纹样或器形，临摹1～2幅，占50%。

➢设计应用：从传统装饰纹样提取视觉元素，应用于相关文化创意产品造型或装饰设计1～2件，占5%。

（3）激励机制

通过班级或年级范围的知识竞赛、在线擂台等，检验学生掌握相关知识点的熟记程度，如各朝代典型装饰纹样和器形特征等，包括历史文化相关背景知识，选拔优秀者，给予加分鼓励。

（4）展示与交流

一方面，在线为学习者建立成果展示交流、作品竞赛的公共空间，鼓励学习者提交考察、观摩过程中的临摹与写生作品，积少成多，逐渐形成学习者作品库。另一方面，也可举办线下课业作品展览展示，同时接受大众的评价，大众的反馈无论是批评还是认可，对于教师和学生都是一种非常有益的交流，见图2-28。

图2-28　传统装饰艺术课程作品展览展示实景图

（三）“课程单元：兔爷泥塑创作”学习方案

1．教学目标

泥塑创新设计与制作是高级旅游纪念品制作师必备的技能之一。通过本课程的学习，培养学生从尊重传统到懂得创新，从设计到制作全方位调动学习者动手动脑能力，并且能够进行泥塑造型与结构的表面处理，以此提高艺术修养、形象思维能力、艺术思维能力和空间制作创造能力。

2．学情分析

（1）单元课程定位

“民间泥塑的传承与创新：兔爷泥塑创作”是《泥塑创新设计与制作》的教学单元之一，属于旅游纪念品设计与制作专业方向的专业技术平台课程，位于该课程的第3个项目第4个单元，共6学时。

兔爷泥塑创作是泥塑创新设计与制作的一项重要学习和工作内容。兔爷泥塑是京城传统泥塑中最具代表性的一支，具有悠久的历史，也是北方泥塑的代表之一，至今传承有序，并衍生出各种创新性的造型。本单元内容定位须先立足兔爷的传统造型，再进行创新性塑造。

（2）教学对象

本单元课程的教学对象是高职旅游纪念品设计与制作专业方向二年级的学生，通过前期学习，他们已初步掌握传统民间泥塑的代表性造型和工艺流程，能从构图、概括和夸张等泥塑造型规律来进行简单的创新性泥塑的塑造。

（3）教学目标

根据课程标准和泥塑造型工艺师（中级）等相关岗位标准，确定本单元课程的教学目标，见图2-29。

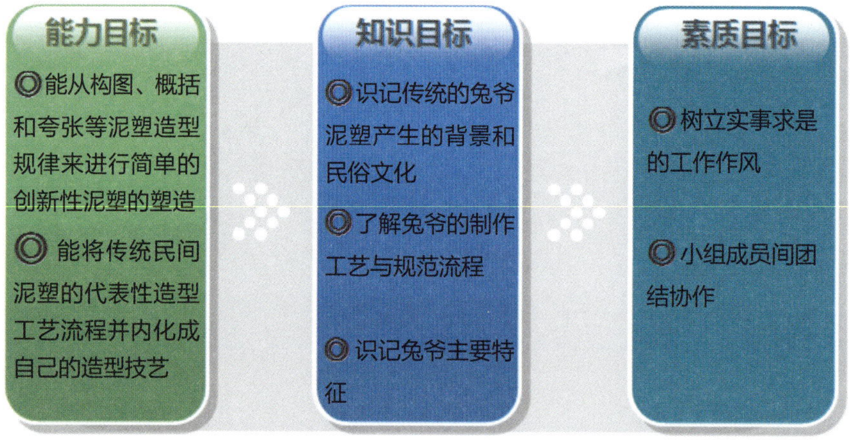

图2-29 单元教学目标

通过本单元的学习，学生能识记传统的兔爷泥塑产生的背景和民俗文化，掌握其造型的特征与规律，并在此基础上按照泥塑造型的专业规律结合创新设计的要领进行兔儿爷创新设计，最终学生通过本单元的创作实践可以摸索出自己的造型能力和创新设计的表达。

（4）重点难点

根据教学目标、教学内容和学生实际情况，确定教学重、难点。

教学重点：兔爷标准形态的塑造方法。

教学难点：兔爷的创新性形象再造。

（5）教学重、难点及解决策略

➢播放视频，展示泥塑工艺制作流程，破解教学重点

兔爷标准形态的塑造方法是本单元的教学重点，兔爷的制作工艺复杂，对形体、空间、材料的感知需要学生反复领悟、反复训练，使用民族文化传承与创新专业教学资源库中的视频资源“传统兔爷制作技艺”（见图2-30、图2-31），引导学生按规范的流程与工艺制作兔爷的基本造型。数字化的视频可以按照学生的学习情况自行控制播放进度，破解了教学重点。

图2-30 《兔爷的制作视频》首页运行效果

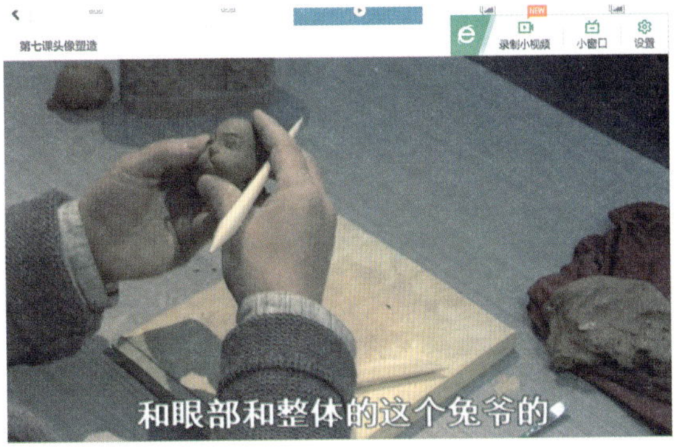

图2-31 《兔爷的制作视频》截图

➢展示“素材图片”，启发学生的发散与创新思维，化解教学难点

为了解决教学难点，教师利用“资源库”中《泥塑创新设计与制作》课程丰富的“兔爷泥塑作品”图片资源，启发学生的发散与创新思维，化解教学难点，见图2-32、图2-33。

3．教学过程设计

在教学设计中，采用任务驱动、任务叠加教学法，以“老北京兔爷的制作”为教学载体，让学生在完成真实的岗位任务的过程中，逐步具备泥塑的创新设计与制作能力。教学进程按照“布置任务（15分钟）→认知形态（30分钟）→实施任务（205分钟）→教学评价（15分钟）→拓展提高（5分钟）”五个教学环节双线并行，实现“教、学、训、做、评”一体化教学，见图2-34、图2-35。

图 2-32　兔爷素材图片库首页运行效果

图 2-33　兔爷素材图片

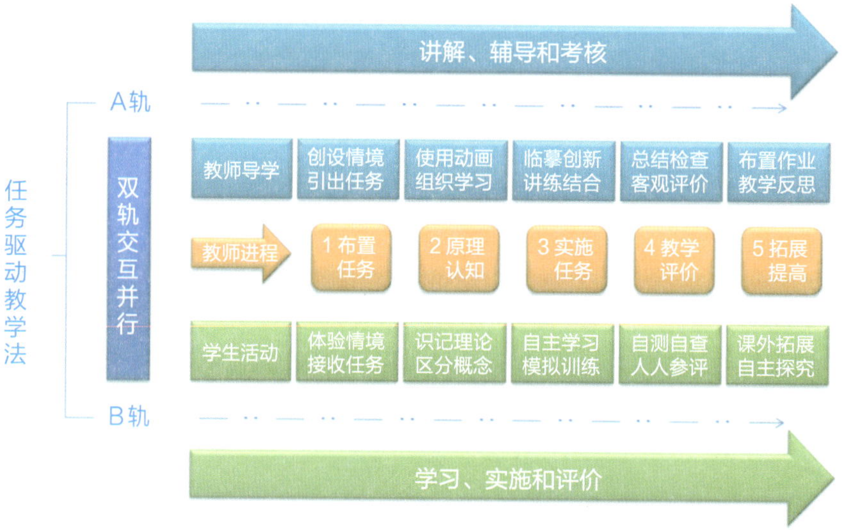

图 2-34　任务驱动教学示意图

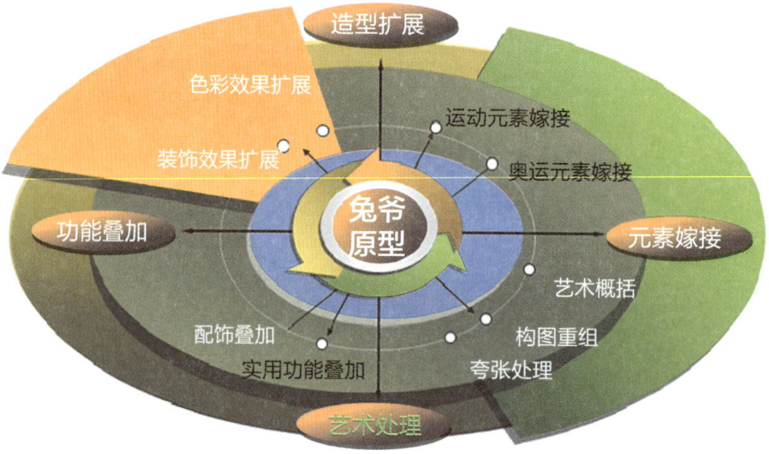

图 2-35　任务叠加教学示意图

首先，创设学习情境，布置任务：要为冬奥会设计具有老北京（中国）特色的奥运吉祥物泥塑玩偶，该吉祥物具备老北京兔爷的基础特征和典型装饰。在此基础上进行任务叠加，要求季节元素、符号嫁接与形式强化，完成一件有北京地方特色的吉祥物造型设计。

教学过程中应用了多种信息化教学手段引导学生学习知识和训练技能。详见表2-13。

表2-13 《民间泥塑的传承与创新：兔爷泥塑创作》教学单元的信息化手段应用

序号	教学活动	教学内容	信息化手段	课　时
1	布置任务 创设情境	兔爷的历史激发学生的学习欲望，布置任务	播放“传统泥塑：北京兔爷”动画	15分钟
2	认知形态 识记理论	兔爷的形态特征； 兔爷的制作工艺与规范流程	“兔爷的制作”视频、“创新兔爷”图片、PPT课件	30分钟
3	实施任务 任务叠加	（1）按制作工艺与规范的流程制作兔爷； （2）制作一件创新的造型	“传统兔爷制作技艺”视频及图片、历届冬奥会视频及图片、PPT课件	205分钟
4	教学评价	（1）对理论知识学习情况的评价； （2）对兔爷的造型、比例、创新设计等能力的评价	资源库中的课程“作业管理”模块	15分钟
5	拓展提高	迁移泥塑的创新设计与制作（以冬奥会吉祥物造型为原型进行衍生造型设计）	资源库中的课程资源	5分钟

（1）布置任务，视频创设情境

教师首先播放资源库中的动画“传统泥塑：北京兔爷”，并展示兔爷实物，介绍兔爷的历史由来、人文特点及其出现的意义，帮助学生认识到泥塑兔爷造型的独特性和艺术特点。见图2-36、图2-37。随后，教师下达真实的工作任务——为冬奥会设计并制作具有老北京（中国）特色的奥运吉祥物——一件兔爷泥塑玩偶，实现工学结合。

图2-36　“传统泥塑：北京兔爷”动画

图2-37　展示兔爷泥塑

（2）认知形态，识记流程规范

教师指出本单元教学任务的难点是兔爷的创新性形象再造，因此在创新设计之前，学生必须熟悉传统兔爷的形态特征。

教师组织学生借助《传统兔爷制作技艺》视频（来源于“资源库”）中兔爷传承人对兔爷制作的流程演示，分解流程化工艺，展示出整个工艺的关键步骤。厘清“兔爷着装风格”及“兔爷五官”等兔爷典型造型，使学生能快速地识记并应用这些知识完成后续的任务。

教师通过提问，引导学生自主学习要有所侧重。完成自主学习的小组，组长组织同学在“资源库”《泥塑创新设计与制作》课程中的课后“作业”功能随机调取题目进行自测自查。对学生普遍出错的问题采用多媒体课件做进一步讲解。

（3）实施任务

进入兔爷工艺制作环节后，学生可以参考“资源库”中《传统兔爷制作技艺》视频演示步骤按照“制作步骤分解→跟视频演示学习→深化创新兔爷造型改造”3个环节实施工作任务。

➢引导学生自主学习“兔爷制作步骤与工艺”

学生首先进入“资源库”，播放《传统兔爷制作技艺》视频自主学习“兔爷制作步骤与工艺”，归纳出制作的关键步骤。教师通过随机提问的方式，检查学生自主学习效果。最后采用多媒体课件做进一步归纳讲解制作技艺的关键核心要领。见图2-38、图2-39。

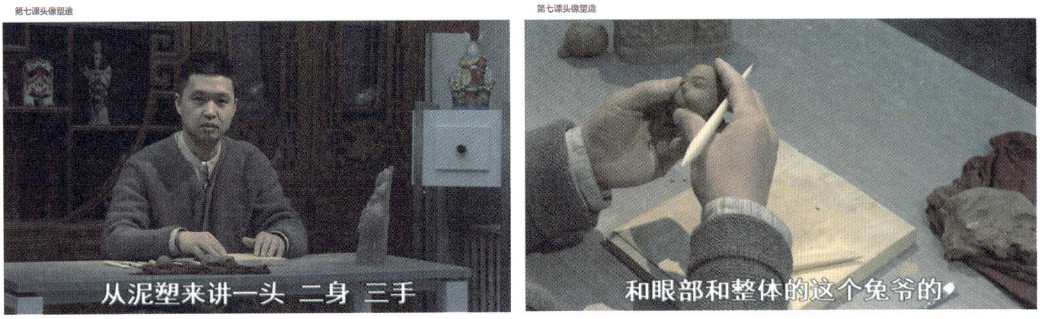

图 2-38 《传统兔爷制作技艺》视频

图 2-39 教师 PPT 课件

➢学生观看“传统兔爷制作技艺”视频，边学边做

在掌握制作兔爷的关键步骤后，学生按照规范进行兔爷泥塑的制作，完成一件跟展示实物一样的兔爷造型，让学生在制作中进一步掌握兔爷泥塑的手法和技艺。

学生按照自身学习情况自行控制播放进度，参照视频和实物模型随时检验泥塑制作的准确性，自练自查；随后，教师检查学生完成任务情况，并拍照存档，展示优秀作品并评析；最后，教师针对学生出现错误较多的环节，结合多媒体课件给予重点讲解。

➢启发思维，引导学生创新兔爷造型

该部分是任务叠加部分，学生在完成传统兔爷制作的基础上，在老师的引导下对兔爷进行造型改造和深化设计，进而应用已学的泥塑造型规律进行创新设计。学生结合构图方式，可以从简化、概括、夸张、故事性描述和道具服饰的变化改变已有兔爷的身份和特征，转化成兔爷新的视觉形态。制作完成后，拍照存档。

（4）使用“资源库”中网络课程的“作业管理”模块协助评价

本单元考核评价包括对学生实物制作和对理论知识掌握程度的评价。学生利用“资源库”中本课程的“作业”模块，实现各阶段考核评价。平台提供的考核功能均可实现从题库中随机调取题目进行考察，既可用于学生自测自查，也可用于教师检查评价。

（5）拓展提高，资源库网站自主学习

最后，教师布置课后作业。学生课后可利用“资源库”网络课程和专业网站拓展学习，迁移泥塑的创新设计与制作（以冬奥会吉祥物造型为原型进行衍生造型设计）并完成一件创新的兔爷作品，两周以后上交。师生可通过“资源库”提供的“在线讨论平台”实现课上课下联动交互。

4．教学效果思考

在本单元教学过程中，充分应用了“民族文化传承与创新专业教学资源库”中的教学资源，实现了本单元的教学目标。播放动画创设任务情境，激发学生的学习热情；利用多媒体和“资源库”兔爷制作视频解决了学生对枯燥理论难以识记的难题；利用“资源库”中的网络课程平台实现学生自主学习、教学评价和拓展学习的目的。对泥塑有不同认识和追求的学习者建议根据自己的特点，展开深度和强度不一的训练。可以从大量的传统赏析作品中找到自己最感兴趣的部分深入学习、临摹，从而掌握泥塑的一般规律及对中国传统泥塑艺术瑰宝的传承。

5．教材与参考网站

（1）教材与学材

教学指定教材：教师可以结合各专业要求选择教材。

教学参考书：《跟我学泥塑》《雕塑鉴赏》《中国民间泥彩塑集成·泥人张卷》《惠山泥人》等。

（2）参考网站（专业网站）

智慧职教：http://222.175.99.19/portal

中国泥塑网：http://cnnisu.qianyan.biz

中国雕塑网：http://www.diaosu.cn

津台之桥：http://www.huaxia.com/jtzq/tianjinmltj41.htm

天津泥人张彩塑：http://www.nirenzhangwr.com/index.htm

七、项目建设经费使用情况

（一）经费投入

2013年8月27日，教育部财务司下达民族文化传承与创新专业教学资源库中央专项资金3,000,000元。依据任务书，中央专项资金3,000,000元包括：论证调研150,000元，专家咨询150,000元，企业案例750,000元，课程开发750,000元，素材制作750,000元，特殊工具软件150,000元，资源导入150,000元，推广应用150,000元。

2013年末，北京电子科技职业学院向北京市财政局申报了“教学资源与共享——职业教育专业教学资源库建设地方配套项目”预算1,500,000元，经北京市财政预算评审后，2014年年初预算批复下达资金1,499,672元。（批准文号：京财教育指［2014］0014号）

2015年，北京财政局年初预算批复下达“教学资源与共享——职业教育专业教学资源库建设地方配套（市级）资金”1,500,000元。（批准文号：京财教育指［2015］0014号）

本项目共计收到资金5,999,672元，其中：中央专项资金3,000,000元，地方财政资金2,999,672元。

（二）经费使用

截至2015年6月30日，本项目累计支出5,971,514元，其中：中央专项资金支出2,999,689元，地方财政资金支出2,971,825元，资金结余28,158元（其中：中央专项资金结余311元，地方财政资金结余27,847元），经费使用合规，能够满足项目建设任务的要求。地方财政资金结余为机票政府采购结余及招标结余等，按照北京市财政局相关规定，此类结余资金学校不得继续使用。支出明细见表2-14。

表2-14 项目经费执行情况一览表

费用类别	中央资金（元）			地方财政资金（元）		合计（元）
	2013年	2014年	2015年	2014年	2015年	
论证调研		63,584.00	85,080.00	39,672.00	28,994.00	217,330.00
专家咨询		30,466.00	70,918.00	80,000.00	80,000.00	261,384.00
企业案例		360,000.00	368,800.00	456,000.00		1,184,800.00
课程开发	320,000.00		438,540.00	520,000.00	229,900.00	1,508,440.00
素材制作		229,000.00	567,640.00	392,500.00	960,100.00	2,149,240.00
特殊工具软件			149,900.00			149,900.00
资源导入			150,000.00			150,000.00
推广应用		14,700.00	151,061.00		184,659.00	350,420.00
合　计	320,000.00	697,750.00	1,981,939.00	1,488,172.00	1,483,653.00	5,971,514.00

论证调研：主要用于非遗素材采集、苗族银饰技艺调研等。

专家咨询：主要用于专家咨询费及部分专家差旅费等。其中：中央资金支出为101,384元，占中央资金总支出的3.38%，未超过10%的比例要求。

企业案例：主要用于动画、视频案例制作及相关微课建设开发等。

课程开发：主要用于“泥塑创新设计与制作”“非遗电子读物”“非物质文化遗产概论”等课程建设等。

素材制作：主要用于“泥人张彩塑艺术”素材制作、“资源库动画人物”泥塑合作开发等。

特殊工具软件：主要用于专业门户建设、首页视频制作及虚拟交互教学软件购置。

素材导入：主要用于平台搭建、网页设计等。

推广应用：主要用于资源库项目推广展示及参加研讨会、出版图书等。

（三）经费管理

制度建设方面：建立了《北京电子科技职业学院财务管理办法》《北京电子科技职业学院预算管理办法》《北京电子科技职业学院固定资产管理办法》《北京电子科技职业学院专项项目绩效考评管理办法》《北京电子科技职业学院差旅费管理办法》《关于签署采购类合同及支付专项资金程序的有关规定》《关于项目验收及固定资产验收管理细则》《固定资产入账标准补充细则》《北京电子科技职业学院职业教育民族文化传承与创新专业教学资源库建设项目专项资金管理办法》等一整套管理制度，并根据上级要求及时进行修订完善，用于规范日常财务、资产管理工作。

内部控制方面：每笔支出都需经过项目负责人、二级学院院长、主管院长层层审批，方可支付。单项业务在1万元以上的按照学校财务规定需与承担单位签订合同，单项业务超过50万元的，依据北京市财政局相关规定进行了公开招投标。

财务管理方面：对本项目资金全部纳入学校预决算管理，并实行专账管理。对项目资金专款专用，没有挤占及挪用现象。

资产管理方面：项目中符合固定资产标准的，经学校资产处验收后，均纳入固定资产管理。

（四）经费审计

职业教育民族文化传承与创新专业教学资源库项目——中国传统金属工艺与泥塑工艺美术子库项目累计到位资金5，999，672元，资金到位率为99.99%，累计支出5，971，514元，预算支出率为99.53%，资金结余28，158元（其中：中央专项资金结余311元，地方财政资金结余27，847元），地方财政资金结余为机票政府采购结余及招标结余等，按照北京市财政局相关规定，此类结余资金学校不得继续使用。项目已执行完毕，经费使用、项目管理合规，已完成绩效指标任务。

八、项目建设共享机制设计与实践

（一）共享组织建立

1．专业建设规划组

负责调研、制定人才需求规格；负责制定专业标准；负责人才培养模式、教学改革、质量监控等资源的开发；负责资源验收；负责与其他项目组的协调联系、项目管理。

2．院校联合开发组

负责校际间联合收集、整理、加工相关资源及课程的联合开发建设。

3．行企联合开发组

负责收集、整理行业、企业的相关素材；负责收集、整理国外机构开发的相关资源；负责收集、整理第三方机构开发的相关资源；负责整理名师、大师相关资源；协助课程开发组开发企业案例及课程。

4．课程资源建设组

负责结构化的网络课程、技艺培训课程、微课程、教材开发和课程相关的拓展资源建设。

5．系统平台建设组

负责与高等教育出版社协调资源库系统网站建设事宜，负责互动交流、个性化学习、成果推广等功能拓展问题，并负责日常运行管理。

6．素材处理技术组

负责非遗素材采集，同时，对各项目组提交的素材进行加工，并提供技术支持。

（二）共享机制实施

1．共享保障

搭建8个产学研用一体化高端平台，协同创新，共享共建资源。资源平台无限开放，线上线下，全程下载。媒体类型多，应用类型广，受众范围大。

2．组织保障

建立项目建设领导小组，指导项目顶层设计与资源建设；成立项目建设办公室，对各子项目实施过程监控；成立子项目建设指导小组，组织与管理子项目建设；组建子项目开发团队，负责子项目的具体实施。

3．资金保障

确保配套建设经费按时到位，各联合建设单位保证在人力、物力、财力方面全力支持，保障建设任务按时保质完成。制定民族文化传承与创新专业教学资源库建设项目资金管理办法，严格按照项目建设投资计划支出，实行全程管理。

4．管理保障

制定《民族文化传承创新专业教学资源库建设项目管理办法》，实行目标责任管理，明确各级项目建设参与者的任务、要求、责任，并对建设项目各环节的实施与检查做出规定，保障项目建设有序、高效开展。

九、项目建设目前存在的问题

（一）子库分类需科学

子库分类应从业务和技术层面，进行顶层设计，建立子库分类体系，为资源动态更新提供可持续化案例，逐渐形成民族文化传承与创新相关资源建设的长效机制。

（二）应用推广需创新

为了提高资源库资源的使用率，政府、资源建设院校、平台建设单位应共同建立应用推广更新机制。民族文化传承与创新是长期的、渐进式的，资源开发与更新更应是长期的、持续的，应建立民族文化传承创新与职业教育协同发展的长效机制。

十、项目建设展望

（一）保障资源更新

构建中国民间美术大系（24大类），分别是民间年画、民间剪纸、民间刺绣、民间面塑、民间银饰、民间织染、民间风筝、民间雕刻、民间面具、民间木偶、民间皮影、民间玩具、民间彩塑、民间灯彩、民间灯具、民间绘画、民间神像、绣荷包、民间陶瓷、民间器用、民间服饰（上）、民间服饰（下）、民间起居、民间配饰，并完成数字化工作，从中选择典型代表进行教学资源及课程开发，实现资源库每年更新10%资源的任务目标。

（二）扩大资源应用

联合行业或企业，加大优质资源市场推广力度，扩大资源应用范围。同时面向中小学，开发传统文化体验产品，包括传统文化知识、作品赏析、体验制作模块及体验室配置标准等。

（三）加强课程开发

按行业标准，归建门类，引进技艺大师，联合开发艺术设计类基础平台课程和教材，重点加强艺术设计类相关专业学生民族文化内涵教育。

（四）拓展专业方向

按产业需要，聚焦应用，形成专业或专业方向，建立技艺大师传承工作室，构建专业实践基地（专业创新研发室、非遗保护中心、非遗博物馆），联合开发相关课程、教材、产品，培养民族技艺传承创新人。

中国是一个统一的多民族国家，具有悠久的文明发展历史，积淀了十分丰富而又独特的优秀文化遗产。传承和创新民族文化是教育的重要使命，职业教育应责无旁贷承担起这一使命，为构建和谐社会，振兴中华传统文化发挥重要和积极的作用。

项目建设历时两年，我们不忘初衷，恪守资源库建设承诺书，南向彩云之南户撒刀之乡，西走甘肃临夏积石山县，从中原浚县泥咕咕到江苏无锡惠山泥人，排除万难，以传承文化、传习技艺为己任，寻访我国金属工艺、泥塑工艺两大类非物质文化遗存，建设完成了职业教育民族文化传承创新教学资源库。由于民族文化资源的丰富性和复杂性，限于资源建设调研还不够深入，以及自身研究水平和学术视野还有待提高，本项目报告中存有不妥之处，敬请专家斧正指导。

第三部分

升级篇

民族文化传承与创新专业教学资源库
暨中国传统金属工艺及泥塑工艺美术子库升级方案

一、项目建设基础

国家级民族文化传承与创新专业教学资源库项目建设历时两年多，我们不忘初衷，恪守资源库建设承诺书，南向彩云之南户撒刀之乡，西走甘肃临夏积石山县，从中原浚县泥咕咕到江苏无锡惠山泥人，以传承文化、传习技艺为己任，寻访我国金属工艺、泥塑工艺两大类非物质文化遗存，构建非遗素材信息中心、课程建设应用中心、教学资源转换中心、展示交流学习中心、创作转化推广中心、互动体验传播中心，圆满完成资源库建设任务，顺利通过教育部验收。

（一）取得的成果

1. 非遗素材采集范围广

采集景泰蓝制作技艺、苗族银饰锻制技艺等中国传统金属工艺9项，天津泥人张、北京兔爷等中国传统泥塑工艺8项，拓展凤翔年画、剑川木雕等非遗项目13项以及10余家省市级博物馆馆藏珍品，采访20余位国家级、省级传承人或技艺大师，遍及15个省市自治区。采集、整理、加工30余种国家级非遗项目资源近2T，有口传心授的手工技艺，有珍贵的工艺作品，有濒临消失的“非遗”种类，资源具有深刻的民族文化内涵，体现了各级、各类技艺传承人的高尚敬业精神、高超专业技艺、朴实为人之道，素材资源彰显出了中国工匠的厚重和光彩。

2. 非遗素材转化类型宽

针对每个非遗项目，开发并转化为包括图片、文字、视频、动画、电子读物、移动APP产品、文创产品、课程、微课、教材、微信平台等12种应用资源。合计开发课程16门、微课121堂、教材及非遗项目丛书22部，转化文创产品20件套，开发教学案例138个、多媒体产品等数字作品217个，颗粒化素材开发27263条等，并拓展开发10家省级博物馆珍品数字库、中国泥人博物馆数字库、传统纹样库。目前用户14000余人。

3. 资源应用推广力度大

通过义乌中国国际旅游商品博览会、中国（北京）国际服务贸易交易会、北京国际旅游商品博览会、北京国际文化创意产业博览会、中国职业教育展示周等高端展示平台推介建设成果；通过全国高职高专校长联席会、教育部专业教学资源库年会、中国工艺美术学会年会、旅游商品产学研联盟等多元平台介绍建设经验。资源建设的规范、标准与方法产生较大反响，对于推动全国的专业资源库建设，发挥了积极的引领带动作用。

2015～2016年面向全校学生开设中国传统金属工艺、泥塑工艺美术等10门校级选修课程，课上课下教学互通、学分互认，累计选修学生1200余人，收到了较好的教育教学效果。2016年，在高等教育出版社统领下，充分运用民族文化传承与创新专业教学资源库建设方法和民族文化传承创新职业人才培养经验，帮助内蒙古鄂托克前旗民族职业高中构建民族手工艺产品设计与制作专业及数字化资源开发，辐射和带动其他职业院校共同发展。

4．资源建设质量较高

按行业规范采集，保留原汁原味的传统技艺；按企业技术标准制作，资源呈现富媒体、跨终端，“互联网＋”传播理念；按教育教学规律开发，将企业真实案例转化为可学、易学、乐学的学习资源。资源形式数量之多，非遗项目、技艺大师地域覆盖面之广，资源质量标准之高，课程资源开发应用与教学改革结合之紧密等方面，得到上级领导、教育同行和多方行业、企业的高度认可。

（二）达到的效果

1．多元平台构建，形成政校企行联动互动长效机制

吸纳、融合了相关文创产业、旅游产业、政校企行各方资源，构建旅游商品产学研联盟、中国非物质文化遗产教育传播中心、北京经济技术开发区文化创新产业联盟、“百校百城”职校联动集群等8个学、研、产、用一体化平台，推动艺术设计教育教学改革，形成政校企行联动互动长效机制。

2．大师进课堂，“非遗”进校园，培养创意设计职业人已见成效

“非遗”进校园、进教材、进课堂，创建“钟连盛景泰蓝大师工作室”和“吴德寅北京风情泥塑大师工作室”，民族文化资源与课程结合、与学生创作融合，形成教学常态，学术氛围、创作激情蔚然形成，成果已逐步显现，人才培养质量和社会美誉度不断提高。

3．与传统文化融合，师资队伍的教科研及专业创作能力不断提升

民族文化传承与创新成果开发百余个教学案例，促其向教学固化；传统文化与教师创作融合，开发百余个文创作品，促进其成果向产品转化；传统文化与教师科研融合，成功申报5项省部级科研课题，促其向应用研究领域深化。师资队伍的专业创作和文化视野不断拓展，逐渐形成了一支专业教学能手和科研创作强手并重的师资队伍。

4．“六艺”贯通模式，探索与实践高职艺术设计育人机制

标准化采集加工，为民族文化保护专业守艺；技艺大师进校园和课堂，为民族文化留根大师传艺；与教育教学融合，为民族文化传承学生学艺；教学模式探索，为民族文化创新师生用艺；传承创新成果宣传展示，为民族文化传播社会展艺；多元平台构建，为民族文化发展多方弘艺。“六艺贯通”教学模式（专业守艺、大师传艺、学生学艺、师生用艺、社会展艺、多方弘艺）的创新应用；“五维一体”传承方式（守、传、学、用、展）的继承发展；“六步融合”学习方法（走、看、知、临、悟、用）的有效实施，逐渐形成“学、做、用、展、演”一条龙的艺术设计育人机制。

经过几年的实践，北京电子科技职业学院艺术设计专业群走民族文化与专业建设融合之路，政校企行有效合作，产学研联动互动，与文化创意产业充分对接，“六艺”贯通培养民族文化传承创新人，是一次探索高职教育教学改革较为成功的尝试。为社会、行业、企业培养了一批批具有较强实践能力的艺术设计人才，他们服务于首都相关企事业单位，受到用人单位的赞誉，学院知名度和人才质量美誉度不断提高。

我们在发现，我们在成长，我们在前行……

二、思路与规划

（一）建设思路

民族文化传承与创新专业教学资源库项目暨中国传统金属及泥塑工艺美术子库升级改进建设项目（简称资源库升级改进项目）将以发挥现有优势、改进现存问题，以拓宽传播渠道、丰富资源内容为方针，从资源库升级改进建设入手，面向学习者的需要，设计更加人性化的学习路径；面向课程建设的需要，系统化开发教学资源；面向传承保护非遗的需要，深化已建非遗项目，适度增加新的非遗项目。以此为建设核心，按行业规范采集资源，按企业技术标准制作资源，按教育教学规律开发资源。

1．创新机制，政校企行携手，保证资源的共建共享性

在文化部非遗司的大力支持下，融聚旅游商品产学研联盟、文化创意产业联盟等行业企业资源，联合各地优势院校，构建共同开发教学资源库的长效合作机制；资源呈现富媒体、跨终端，运用“互联网+”传播理念，实现资源共建共享。

2．深入调研，明确用户需求，保证资源的实用、可用性

深入行业企业调研，充分了解各岗位对人才知识、技能、素质的要求，遵循职业教育教学规律，从职业岗位分析出发，在充分考虑人才培养要求、环境、条件等方面区域差异的基础上，系统设计搭建基于职业、技术和技能的能力目标课程。按行业规范和职业标准，应用数字媒体技术，将民族文化资源转化为数字化的教育教学资源，突出核心技能和知识的学习及职业素养的训练，保证资源建设的针对性和实效性。

3．研发创新，整合优势资源，保证资源建设的前瞻性

充分调动各参与院校、行业企业的积极性，融聚“中国传统金属及泥塑工艺美术”及民间美术方面的工艺大师、教授、学者参与到资源建设中，充分吸纳知名企业的新产品、新工艺、新技术，保证资源库建设的时效性和前瞻性。

4．项目管理，建立长效机制，保证资源建设的持续性

实施项目管理，建立良好的资源库运行管理机制。实现“政校行企”优质资源共享、互利共赢，形成共建共享的良性循环机制。加强资源建设过程监控，明确权责，保护知识产权，充分发挥项目联合建设单位与资源使用用户潜能，使资源建设者、资源用户在建设、管理、运用、维护和二次开发等方面高度合作、深度参与。建立资源库定期更新保障制度，不断丰富完善教学资源库，实现教学资源建设内容动态更新及资源库平稳有效运行。

（二）建设规划

1．组建指导团队与开发团队

以北京电子科技职业学院副院长安江英为项目主持人，由国内开设民族文化传承创新相关专业实力较强的高职院校教学骨干和富有行业企业实践经验的行业企业人员组成项目建设团队。由政府部门、相关企业、行业领域专家组成项目建设专业指导小组，对资源库项目建设进行统筹、协调、指导、咨询等，从策略上、技术上为项目建设提供支持和保障。

2．明确主线与建设流程

以培养民族文化传承创新职业人为目标，以“产学研结合、校企融合”为方针，按照“调研分析—开发建设—实践应用—反馈完善—示范推广”的建设流程，改进学习路径设计，深化已有非遗项目、适度拓展新的非遗项目，以此为建设核心，以课程建设为主线，科学合理规划，确保建设目标的顺利实现。

3．顶层设计与系统建构

面向职业教育、文化创意及相关产业，发挥现有优势、改进现存问题，以拓宽传播渠道、丰富资源内容为方针，遵循中华传统文化“保护—学习—传承—创新”的规律，完善“中国传统金属及泥塑工艺美术”子库，拓展民间美术非遗项目。

4．制订资源建设与开发标准

以“资源开发，标准先行”为基本原则，严格依据教育信息化技术标准委员会制订的相关标准，系统开发技术标准。规范、系统、科学地进行资源库各种资源的建设与开发，按行业技术规范，制订非物质文化遗产初始素材采集标准；按行业企业标准，制订数字化教学资源开发标准；遵循职业教育教学规律，制订课程等资源开发标准。

5．按标准建设资源

按照资源建设标准，保质、足量、按时完成资源库项目升级改进任务，丰富和完善中国传统金属工艺与泥塑工艺美术子库，服务于教师、学生、企业员工及社会学习者。

6．开展应用测试

用3～5个月的时间完成教学资源库升级改进项目的测试工作，组织参与资源库升级改进项目建设的院校、行业与企业进行资源库测试，并提出改进意见，进一步完善。

三、目标与任务

（一）建设目标

以课程建设为主线，深化已建非遗项目，适度增加新的非遗项目，设计更加人性化的学习路径，拓展移动互联网资源建设，整体结构化设计，资源系统化开发，丰富和完善已有的中国传统金属及泥塑工艺美术子库，为构建国内外先进水平的大容量、共享型、互动式、持续更新的职业教育民族文化传承与创新专业教学资源库子库，创建可参考案例，实现民族文化传承创新专业人才培养与非物质文化遗产传承对接，职业教育与民族文化双向互动，保存、传承、传播和创新中华民族传统文化，培养具有工匠精神的民族文化传承创新职业人。

（二）建设任务

资源库升级改进项目建设任务包括学习路径升级、传播方式改进、资源内容丰富三个方面，见图3-1。

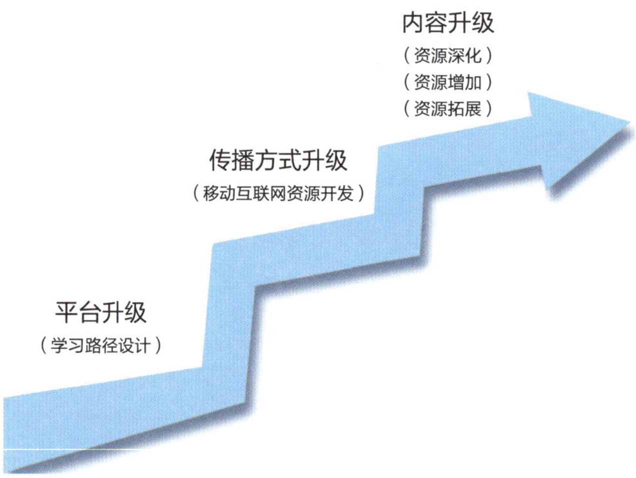

图 3-1　资源库升级改进项目建设任务图

1．改进人性化的学习路径设计

融合“互联网+”传播理念，以学习者为中心，设计学习路径，有效导引学习者学习，有效供给学习资源。

2．升级移动互联网资源开发

随着移动互联网的升级和普及，不仅改变了人们的生活方式，学习方式也随之产生了变化。利用移动智能设备，碎片化时间学习已成为许多人的选择，开发移动互联网传播的学习资源也已成为必然。

3．不断丰富和完善资源建设内容

从保护技艺的完整性、传承技艺的历史性、创新技艺的发展性角度，深化已有的传统金属工艺与泥塑工艺美术子库中的非遗项目建设，适度增加相关的非遗项目内容，拓展民间美术相关非遗项目，为民族文化传承与创新专业教学资源库建设提供分类参考，为中华传统文化教学资源开发提供类型化的借鉴案例，为民间美术工艺数字化构建打下坚实基础，为教学服务，为文化创意产业服务。

四、建设内容

（一）设计学习路径

学习路径是不同层次用户进行学习活动的路线与序列。通过学习路径规划使学习者在一定的学习策略指导下根据学习的目标、内容、资源类型，对所需完成的系列学习活动进行排序。有效地学习路径规划能够为学习者提供明晰的学习路线，避免迷航，减少失误，提高学习效率。

1．以学习内容为中心的路径设计（已经实现）

用户可以选取感兴趣的学习内容，如景泰蓝制作技艺，与该技艺相关的相似资源如文字、图片、动画、视频、微课等按照分类供浏览者选择。

2．以学习者角色为中心的路径设计（拟定开发）

根据资源面向的学习者类型进行定位、分类，确定学习者的最终学习目标，以学习目标为依据，为不同层次的学习者订制适合该层次学习者的学习路径。用户登陆后可自主进行角色选择，在该角色模式下会有面向该角色学习的“根活动”和一个以上的“子活动”，系统会识别学习者身份对学习路径中所需学习的活动加以选择和编排，在对学习活动进行排序过程中与该角色无关的活动将处于不可选取状态，使用户能够按合适的学习路径进行个性化的学习。见图3-2。

3．多角色、多策略、混合式的学习路径设计（未来设想）

学习路径的运用中，既要明确学习目标，也要考虑学习起点和学习条件的差异，给学习者适当的选择机会。用户可根据需要设置自己的学习路径，系统记录学习过程和进度，下次登录前可做适时提醒及学习交流。

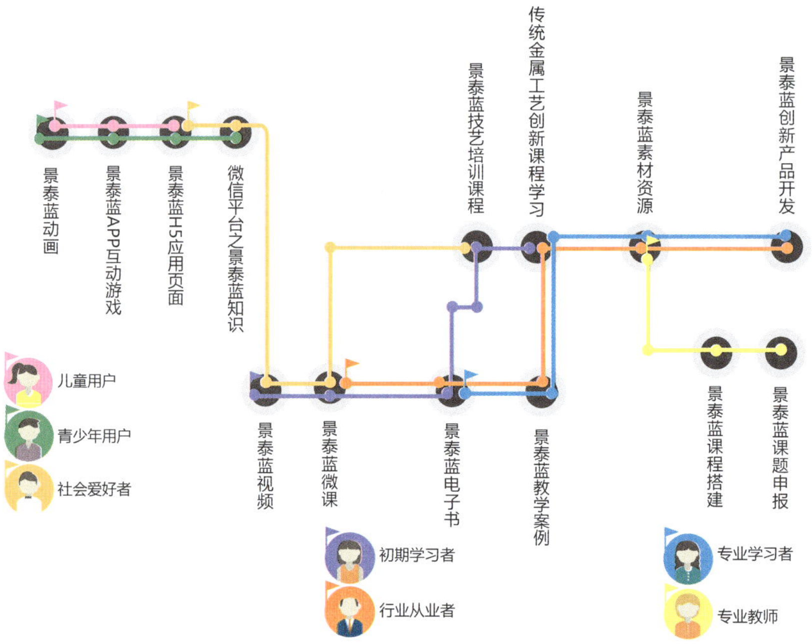

图 3-2　以景泰蓝为例的学习路径设计

（二）开发移动互联网资源

根据易观国际发布的《2016年中国移动互联网用户分析》报告，2015年中国移动互联网用户数预计达到7.9亿人，2014年数字化阅读率首次超过图书阅读率，2015年数字阅读率进一步提高至64%，人均每天手机阅读时长超过1小时，移动阅读已成为国民阅读的新趋势。移动终端的应用为非物质文化遗产的传承创新提供了一个大众化、智能化、高效化的平台。根据目前不同类型的资源特征和用户不同层次的学习需求主要开发三种类型资源。

1．开发基于苹果、安卓系统的应用程序APP、APK

传播：需要用户在APPstore中下载或通过扫描二维码安装。

优势：将非遗技艺、典型作品多维度进行展示，呈现细节。可营造场景、三维、游戏沉浸式体验。具有丰富的交互体验，可满足用户在娱乐中学习，通过游戏将关键技艺分解，在娱乐中完成非遗作品的创新，可以增加用户浏览黏度。

内容：一是升级景泰蓝APP产品，重点是增加景泰蓝工艺的可操作性和沉浸式体验的互动性；二是开发互动体验型交互式APP《景德镇陶瓷》，以景德镇陶瓷的不同历史时期作品为主线进行讲解，用户单击作品，便可360度地旋转展品，同时配合语音文字介绍；三是开发内容解析型APP《民间风筝》，用大量精美的图片展示民间风筝，辅以少量的文字作为解说，以图文、动画、视频浏览型为主，可放大欣赏，配合风筝绘制DIY游戏，自己设计制作的风筝可分享至朋友圈。

2．开发基于移动终端的电子读物

传播：以图文及视音频的多种媒体交互整合而成的电子读物，通过移动终端播放器进行浏览。

优势：丰富的图像、视音频、动画、文字、画外音解说等多种媒体的交互视听体验，是传统纸质图书、画册内容的交互升级版，电子读物所介绍的内容系统化、全面化、逻辑化，可以是民族文化资源的入门级资料，也可以是工具书。用户根据需求可多次查阅。

内容：结合资源库升级改进非遗项目，重点开发斑铜、江南铜雕、白族银饰、大吴泥塑、民间皮影、民间陶瓷、民间风筝、民间织染等共计15个电子读物。

3．开发基于微信传播的H5应用页面——轻应用

传播：微信用户量的激增，使得基于微信平台的H5应用页面迅速成为移动终端信息传播的主要途径。通过微信传播，用户分享链接或二维码都可实现在线浏览，同时兼容PC终端浏览器。

优势：H5页面基于微信进行传播，和原生APP不同，它不需要安装，即点即开。能引发病毒式的扩散，形成井喷式的转发量。H5应用页面的关键词是“拉新、分享、留存”。适合展示民族文化中的典型、热点内容，满足用户利用碎片化时间在移动终端进行扫视性浏览的习惯，小切口引出大文化。

内容：一是开发幻灯播放型H5应用8个。由精美的图片设计、简单的翻页效果、打动人心的文案及音效组成的幻灯播放型H5应用页面，采用上下滑动或者左右滑动来进行多页切换，如《民间风筝》《斑铜》等。二是开发场景体验型H5应用1～2个，利用交互技术营造沉浸式的交互体验场景，让浏览者置身于虚拟场景中从而获得对民间技艺的体验，如《民间皮影》等。

4．民族文化传承与创新专业教学资源库微信公众号持续更新

传播：通过微信公众平台向广大微信关注用户发布民族文化相关信息资源。二维码见图3-3。

图3-3　微信公众平台二维码

优势：民族文化传承与创新专业教学资源库微信公众号是资源库建设和推广的窗口，自2014年4月2日上线已发布民族文化相关信息339条。成为资源库建设互动体验的重要组成部分，体现资源库边建边用边推广的原则。已经发展为总用户数745人的分享、交流平台，用户包括北京、云南、广东、山东、贵州、湖南、陕西、河北、浙江、内蒙古等31个省份的学校教师、学生、社会人士、专家学者等，共发布644条互动交流信息。

内容：建设和发布民族文化相关信息资源100条。通过微信公众号的持续建设，搭建资源库建设和宣传推广的平台，让更多关注民族文化的人们能够进行阅读、学习和交流。同时读者可以通过微信公众号与我们取得联系，提出自己的需求和一些宝贵的建议，资源库开发将参考读者的意见不断改进资源建设内容。

（三）升级改进资源

以国家级非遗项目为载体，以课程形式呈现，系统化开发教育教学资源，进一步丰富、完善、补充中国传统金属工艺与泥塑工艺美术子库。资源库升级改进项目资源开发架构见图3-4，资源数据统计见表3-1。

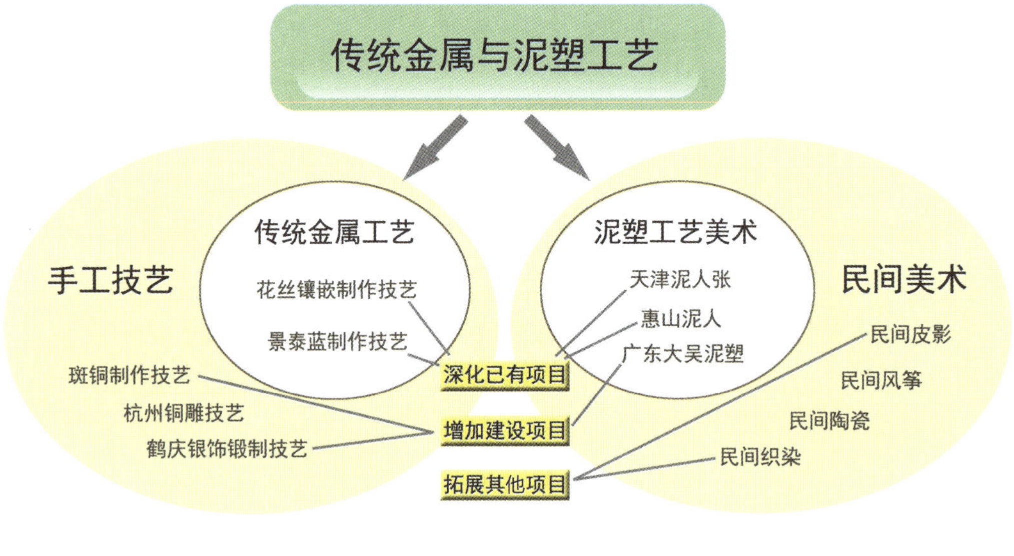

图3-4　资源库升级改进项目资源开发架构图

1．深化已有非遗项目

（1）花丝镶嵌制作技艺

花丝镶嵌是一门传承久远的汉族传统手工技艺，主要用于皇家饰品的制作。为“花丝”和“镶嵌”两种制作技艺的结合。花丝镶嵌工艺起源于春秋战国金银错工艺，在明代达到高超的艺术水平，尤以编织、堆垒技法见长，而且还常用点翠工艺，取得金碧辉煌的效果。如今，花丝镶嵌工艺只留存于北京、成都两地，以北京的花丝镶嵌工艺最为齐全。

表3-1　中华传统金属工艺与泥塑工艺美术子库升级改进建设项目资源开发一览表

	资源库升级改进项目待开发资源												
	花丝镶嵌	景泰蓝	天津泥人张	惠山泥人	斑铜	铜雕	鹤庆银饰	大吴泥塑	民间皮影	民间风筝	民间陶瓷	民间织染	合　计
文字（万字）	2	3	3	2	3	2	4	2	4	4	4	4	37
图片（张）	100	300	300	200	300	200	200	200	400	400	300	200	3100
演示文稿（个）	15	20	20	20	15	10	15	10	20	15	15	15	190
视频（个）	2	2	2	2	3	3	3	3	4	4	4	3	35
动画（个）					1	1	1	1	2	1	1	1	9
电子读物（个）	1	1	1	1	1	1	1	1	2	2	1	1	15
教学案例（个）	3	4	4	4	3	3	3	3	3	3	4	3	40
大师微课（门）	1	1	1	1	1				1	1	1		8
H5轻应用（个）	1	1	1	1	1	1	1	1	1	1	1	1	12
APP产品（个）		1								1	1		3
文创产品（套）	1	1	1	1			1			1	2		8
教材（本）					1				1	1	1	1	5
习题（道）	50	50	50	50	50	50	50	50	50	50	50	50	600
微信公众号非遗项目信息发布（条）	5	5	5	5	8	8	8	8	12	12	12	12	100
非遗项目	至少12项非遗：从保护技艺的完整性、传承技艺的历史性、创新技艺的发展性角度，深化已有非遗项目，适度增加相关的非遗项目，拓展民间美术相关非遗项目												
非遗课程	12门非遗课程：课程标准+整体设计+单元设计+考核评价等												
丰富、完善、补充资源，资源应用已有课程													
非物质文化遗产概论、传统装饰艺术、创意思维设计、传统金属工艺创新设计、非遗影像采集、非遗数字出版物、非遗动画设计、泥塑创新设计与制作、传统金属工艺、泥塑工艺美术、景泰蓝制作技艺、北京兔爷制作技艺、师说非遗之塑说北京、师说非遗之景泰蓝、师说非遗之泥人张、师说非遗之生活的艺术													

北京花丝镶嵌集中代表了中国宫廷花丝镶嵌工艺的特色，是宫廷工艺“燕京八绝”中的一种。该项技艺2008年6月入选第二批国家级非物质文化遗产名录。资源开发见表3-2。

表3-2　花丝镶嵌升级资源开发一览表

<table>
<tr><th>项目/课程</th><th>层级资源</th><th>节点资源</th><th>资源类型</th><th>建设数量</th></tr>
<tr><td rowspan="16">非遗项目：
花丝镶嵌制作技艺

技艺培训课程：
花丝镶嵌制作技艺

资源应用课程：
非物质文化遗产概论、传统装饰艺术、创意思维设计、传统金属工艺创新设计、非遗影像采集、非遗数字出版物、非遗动画设计</td><td>课程标准</td><td>目标、能力、内容、评价等</td><td>文本、PPT</td><td rowspan="15">文字：2万字
图片：100张
PPT：15个
视频：2个
电子读物：1个
教学案例：3个
微课：1位大师微课
轻应用：H5应用1个
文创产品：1套</td></tr>
<tr><td>课程设计</td><td>整体设计+单元设计</td><td>文本、PPT</td></tr>
<tr><td rowspan="3">历史文化</td><td>时代或地域类型</td><td rowspan="3">文本、图片、PPT、视频</td></tr>
<tr><td>传统文化和地域文化的影响</td></tr>
<tr><td>历代经典考古分析</td></tr>
<tr><td rowspan="3">艺术风格</td><td>造　型</td><td rowspan="3">文本、图片、PPT、视频、动画、电子读物</td></tr>
<tr><td>色　彩</td></tr>
<tr><td>材　料</td></tr>
<tr><td rowspan="3">技　艺</td><td>工具类型</td><td rowspan="3">文本、图片、PPT、视频、动画、电子读物</td></tr>
<tr><td>材料类型</td></tr>
<tr><td>传统技法</td></tr>
<tr><td>模　仿</td><td>复制再现</td><td>文本、图片、PPT、教学案例</td></tr>
<tr><td>装饰语言</td><td>传统装饰技艺在现代设计中的应用</td><td>文本、图片、PPT、教学案例</td></tr>
<tr><td>现代新产品的开发技艺</td><td>花丝镶嵌传统技艺与现代金工和镶嵌工艺的结合开发新的产品</td><td>文本、图片、PPT、教学案例</td></tr>
<tr><td>现代新产品的开发创新</td><td>寻找自己的创作语言</td><td>文本、图片、PPT、教学案例</td></tr>
<tr><td>作　业</td><td>针对所有节点资源和媒体类型资源</td><td>习　题</td><td>50道</td></tr>
</table>

（2）景泰蓝制作技艺

景泰蓝主要工艺包括造型设计、铜胎锻制、掐丝工艺、珐琅釉料和烧制、磨光、镀金等，制作技艺具有极强的宫廷艺术特征，传承地在北京。该技艺在历史上和当代社会都具有很大的社会影响，经常作为国礼赠送到海内外地区，如“喜凤瓶”“四海升平”“和平尊”等，在当今文化产业大发展的时期，是传承、创新、发展景泰蓝制作技艺的良好时机。建设中以信息化教学手段制作数字化学习资源，用现代学徒制的方式向学生传授景泰蓝制作技艺。2006年5月20日，景泰蓝制作技艺经国务院批准列入第一批国家级非物质文化遗产名录。资源开发见表3-3。

表3-3　景泰蓝升级资源开发一览表

<table>
<tr><th>项目/课程</th><th>层级资源</th><th>节点资源</th><th>资源类型</th><th>建设数量</th></tr>
<tr><td rowspan="10">非遗项目：
景泰蓝制作技艺

技艺培训课程：
景泰蓝制作技艺

资源应用课程：
非物质文化遗产概论、传统装饰艺术、创意思维设计、传统金属工艺创新设计、非遗影像采集、非遗数字出版物、非遗动画设计</td><td>课程标准</td><td>目标、能力、内容、评价等</td><td>文本、PPT</td><td rowspan="9">文字：3万字
图片：300张
PPT：20个
视频：2个
电子读物：1个
教学案例：4个
微课：1位大师微课
轻应用：H5应用1个
APP产品：升级景泰蓝APP产品1个
文创产品：1件</td></tr>
<tr><td>课程设计</td><td>整体设计+单元设计</td><td>文本、PPT</td></tr>
<tr><td rowspan="2">理论知识</td><td>景泰蓝的发展</td><td>文本、图片、PPT、视频</td></tr>
<tr><td>景泰蓝制作技艺的设计思维</td><td>文本、图片、PPT、视频</td></tr>
<tr><td rowspan="3">景泰蓝工艺</td><td>大师访谈</td><td>文本、图片、PPT、视频、电子读物</td></tr>
<tr><td>景泰蓝造型</td><td>文本、图片、PPT、视频、电子读物</td></tr>
<tr><td>景泰蓝纹样</td><td>文本、图片、PPT、视频、电子读物</td></tr>
<tr><td rowspan="2">景泰蓝
创新实训</td><td>景泰蓝创新案例</td><td>文本、图片、PPT、视频、微课</td></tr>
<tr><td>景泰蓝创新制作过程</td><td>文本、图片、PPT、视频、微课</td></tr>
<tr><td>作品赏析</td><td>景泰蓝精品赏析：历史时期、大师、现代生产企业</td><td>文本、图片、PPT、教学案例</td></tr>
<tr><td>作　业</td><td>针对所有节点资源和媒体类型资源</td><td>习　题</td><td>50道</td></tr>
</table>

（3）天津泥人张

天津泥人张是中国泥人彩塑艺术北方的代表，在中国泥彩塑艺术中具有很高的艺术价值、文化价值、社会价值，具有很大的影响力。1958年成立了“天津泥人张彩塑工作室”，使过去的家族式生产创作方式成为集体化、事业化、企业化的创作研发、生产营销一体化的模式。泥人张的项目升级从发展模式和人才培养方面，研究如何形成作品的系列化及文化内涵，研究艺术家的创作方法、工艺特点、艺术特色，对泥人张彩塑工作室著名艺术家进行视频采访，并完成录制工艺流程、拍摄作品等资料采集。突出在“传承”基础上的“创新”性，着重创作能力的培养。资源开发见表3-4。

表3-4　天津泥人张升级资源开发一览表

项目/课程	层级资源	节点资源	资源类型	建设数量
非遗项目： 天津泥人张 技艺培训课程： 天津泥人张 资源应用课程： 非物质文化遗产概论、传统装饰艺术、创意思维设计、传统金属工艺创新设计、非遗影像采集、非遗数字出版物、非遗动画设计	课程标准	目标、能力、内容、评价等	文本、PPT	文字：3万字 图片：300张 PPT：20个 视频：2个 电子读物：1个 教学案例：4个 微课：1位大师微课 轻应用：H5应用1个 文创产品：1件
	课程设计	整体设计+单元设计	文本、PPT	
	泥人张彩塑工作室的人才培养模式		文本、PPT	
	泥人张作品系列化	历史题材	文本、图片、PPT、视频、电子读物	
		现实题材		
		儿童题材		
		民俗题材		
	泥人张彩塑工作室创作模式		文本、图片、PPT、轻应用	
	艺术家介绍	3至5人	文本、图片、PPT、视频、微课	
	泥塑制作创新	泥塑制作	文本、图片、PPT、产品	
		泥塑创作		
	作　业	针对所有节点资源和媒体类型资源	习　题	50道

（4）惠山泥人

惠山泥人是中国泥人彩塑艺术南方的代表，在中国泥彩塑艺术中具有很高的艺术价值、文化价值、社会价值，具有很大的影响力。1954年成立“惠山泥人研究所”，使流传千年的无锡惠山泥人从一家一户作坊生产销售转化为满足市场需求的设计创新、集体生产销售的经营模式。在升级建设中，以研究惠山泥人“传承与创新”发展模式、人才培养的方式，研究如何形成作品的系列化及文化内涵，研究艺术家的创作方法、工艺特点、艺术特色，并在此基础上进一步深化、建设泥彩塑的“传承与创新”课程。资源开发见表3-5。

表3-5 惠山泥人升级资源开发一览表

<table>
<tr><th>项目/课程</th><th>层级资源</th><th>节点资源</th><th>资源类型</th><th>建设数量</th></tr>
<tr><td rowspan="12">非遗项目：
惠山泥人

技艺培训课程：
惠山泥人

资源应用课程：
非物质文化遗产概论、传统装饰艺术、创意思维设计、传统金属工艺创新设计、非遗影像采集、非遗数字出版物、非遗动画设计</td><td>课程标准</td><td>目标、能力、内容、评价等</td><td>文本、PPT</td><td rowspan="11">文字：2万字
图片：200张
PPT：20个
视频：2个
电子读物：1个
教学案例：4个
微课：1位大师微课
轻应用：H5应用1个
文创产品：1件</td></tr>
<tr><td>课程设计</td><td>整体设计+单元设计</td><td>文本、PPT</td></tr>
<tr><td>惠山泥人厂与惠山泥人研究所的人才培养模式</td><td></td><td>文本、图片、PPT</td></tr>
<tr><td rowspan="4">惠山泥人作品系列化</td><td>传统手捏戏文（细货）</td><td rowspan="4">文本、图片、PPT、轻应用</td></tr>
<tr><td>传统阿福（粗货）</td></tr>
<tr><td>现代人物（细货）</td></tr>
<tr><td>创新阿福（粗货）</td></tr>
<tr><td>惠山泥人厂与惠山泥人研究所创作模式</td><td></td><td>文本、图片、PPT、</td></tr>
<tr><td>艺术家介绍</td><td>2至3人</td><td>文本、图片、PPT、视频、微课</td></tr>
<tr><td rowspan="2">泥塑制作创新</td><td>泥塑制作</td><td rowspan="2">文本、图片、PPT、电子读物</td></tr>
<tr><td>泥塑创作</td></tr>
<tr><td>作 业</td><td>针对所有节点资源和媒体类型资源</td><td>习 题</td><td>50道</td></tr>
</table>

2. 扩展相关非遗项目

（1）斑铜制作技艺

斑铜是云南特有的汉族传统工艺品之一，至今已有300多年历史。斑铜工艺制作复杂而严格，采用高品位的铜基合金原料，经过铸造成型，精工打磨，以及复杂的后工艺处理成就了它“妙在有斑，贵在浑厚”的艺术特征。以褐红色的表面呈现出离奇闪烁、艳丽斑驳、变化微妙的斑花而独树一帜，精美的造型、精湛的技艺、优美的神韵使人倾倒，堪称金属工艺之冠。云南省曲靖市斑铜制作技艺2008年6月入选第二批国家级非物质文化遗产名录。资源开发见表3-6。

表3-6　斑铜制作技艺资源开发一览表

项目/课程	层级资源	节点资源	资源类型	建设数量
非遗项目： 斑铜制作技艺 技艺培训课程： 斑铜制作技艺 资源应用课程： 非物质文化遗产概论、传统装饰艺术、创意思维设计、传统金属工艺创新设计、非遗影像采集、非遗数字出版物、非遗动画设计	课程标准	目标、能力、内容、评价等	文本、PPT	文字：3万字 图片：300张 PPT：15个 视频：3个 动画：1个 电子读物：1个 教学案例：3个 微课：1位大师微课 轻应用：H5应用1个
	课程设计	整体设计+单元设计	文本、PPT	
	历史传承	概说	文本、图片、PPT、视频	
		历史沿革		
		基本分类		
	工艺特点	生斑：选料、剔除杂质、反复锻打、焊接、打磨、烧斑、打磨抛光、煮斑或显斑	文本、图片、PPT、视频、动画、电子读物、轻应用	
		熟斑：做蜡形、摊灰、退蜡、焙烤铸造模具、冶炼与烧铸、打磨抛光、煮斑	文本、图片、PPT、视频、动画、电子读物	
	大师介绍	1至2人	文本、图片、PPT、视频、微课	
	作品赏析	装饰器皿	文本、图片、PPT、教学案例	
		实用器皿		
		动物禽鸟		
	继承与发展	技艺传承	文本、图片、PPT、	
		技艺发展		
	作　业	针对所有节点资源和媒体类型资源	习　题	50道

（2）杭州铜雕技艺

杭州铜雕是杭州地区世代相传的高超民间手工技艺。杭州铜雕有着广泛的艺术内容，它包括铜建筑艺术、铜雕塑艺术、铜书壁画艺术、铜装饰艺术、铜造型艺术以及铜工艺品艺术。现有铜塔、铜殿、铜桥、铜船、铜墙以及铜书壁画等艺术品，深受社会各界欢迎和赞誉。杭州铜雕具有较高的价值，它拥有独特的工艺，应用叠加、镶合、交融等复合技艺，使作品达到最佳的艺术及实用效果，并给人们极强的艺术感染力，是人民群众共同创造的珍贵艺术，也是中华民族的精神文化财富。浙江省杭州市铜雕技艺2008年6月入选第二批国家级非物质文化遗产名录。资源开发见表3-7。

表3-7　杭州铜雕技艺资源开发一览表

<table>
<tr><th>项目/课程</th><th>层级资源</th><th>节点资源</th><th>资源类型</th><th>建设数量</th></tr>
<tr><td rowspan="24">非遗项目：
杭州市铜雕技艺

技艺培训课程：
杭州市铜雕技艺

资源应用课程：
非物质文化遗产概论、传统装饰艺术、创意思维设计、传统金属工艺创新设计、非遗影像采集、非遗数字出版物、非遗动画设计</td><td>课程标准</td><td>目标、能力、内容、评价等</td><td>文本、PPT</td><td rowspan="23">文字：2万字
图片：200张
PPT：10个
视频：3个
动画：1个
电子读物：1个
教学案例：3个
轻应用：H5应用1个
与斑铜制作技艺合并出版教材：1本</td></tr>
<tr><td>课程设计</td><td>整体设计+单元设计</td><td>文本、PPT</td></tr>
<tr><td rowspan="4">历史传承</td><td>概　说</td><td rowspan="4">文本、图片、PPT、视频</td></tr>
<tr><td>历史沿革</td></tr>
<tr><td>基本分类</td></tr>
<tr><td>作品形式：铜塔、铜殿、铜桥、铜船、铜墙、铜书壁画</td></tr>
<tr><td rowspan="4">工艺特点</td><td>锻　铜</td><td rowspan="4">文本、图片、PPT、视频、动画、电子读物</td></tr>
<tr><td>铸　铜</td></tr>
<tr><td>刻　铜</td></tr>
<tr><td>叠镶铜</td></tr>
<tr><td rowspan="2">工坊、大师介绍</td><td>朱府铜艺</td><td rowspan="2">文本、图片、PPT、视频、微课</td></tr>
<tr><td>朱炳仁铜雕</td></tr>
<tr><td rowspan="3">作品赏析</td><td>铜建筑：塔、殿、桥等</td><td rowspan="3">文本、图片、PPT、教学案例</td></tr>
<tr><td>铜车船</td></tr>
<tr><td>铜书法、壁画</td></tr>
<tr><td rowspan="5">艺术特征</td><td>书艺结合</td><td rowspan="5">文本、图片、PPT、轻应用</td></tr>
<tr><td>彩画相间</td></tr>
<tr><td>三色为本</td></tr>
<tr><td>装饰永久</td></tr>
<tr><td>富贵象征</td></tr>
<tr><td rowspan="2">继承与发展</td><td>技艺传承</td><td rowspan="2">文本、图片、PPT</td></tr>
<tr><td>技艺发展</td></tr>
<tr><td>作　业</td><td>针对所有节点资源和媒体类型资源</td><td>习　题</td><td>50道</td></tr>
</table>

（3）鹤庆银饰锻制技艺

鹤庆银器制作技艺，主要流传于大理州鹤庆县新华村，距今有500年以上历史。云南银器制作技艺中，鹤庆县最为出名。当地艺人用纯银为主料，以镂雕和纯银抽丝编盘工艺相结合，根据所需制品形态规格，加工制成壶、九龙杯、鹤阳八景酒具、手镯、戒指、项链、耳环等工艺品。大理自古便是东方丝绸之路与茶马古道交汇的重要驿站，各种外来文化与云南本土的传统民族文化在这里交流、碰撞、融合，最终形成了独具特色的白族银饰艺术。白族银器主要产品包括汉式银器、藏式银器和其他一些民族的银佩饰三大部分，体现出了多元文化之美、宗教信仰之美和地域文化之美。2014年8月，鹤庆银饰锻制技艺正式被国家文化部命名为国家级非遗传承项目。资源开发见表3-8。

表3-8　鹤庆银饰锻制技艺资源开发一览表

项目/课程	层级资源	节点资源	资源类型	建设数量
非遗项目：鹤庆银饰锻制技艺 技艺培训课程：鹤庆银饰锻制技艺 资源应用课程：非物质文化遗产概论、传统装饰艺术、创意思维设计、传统金属工艺创新设计、非遗影像采集、非遗数字出版物、非遗动画设计	课程标准	目标、能力、内容、评价等	文本、PPT	文字：4万字 图片：200张 PPT：15个 视频：3个 动画：1个 电子读物：1个 教学案例：3个 轻应用：H5应用1个 文创产品：1件
	课程设计	整体设计+单元设计	文本、PPT	
	白族概况	白族由来	文本、图片、PPT、视频	
		白族文化特点		
		白族服饰文化		
	白族银饰特点	白族鹤庆银饰技艺概述	文本、图片、PPT、视频、动画、电子读物	
		范铸工艺		
		锤揲工艺		
		錾花工艺		
		雕花工艺		
		花丝工艺		
	多彩民族文化传统在银饰中的体现	鹤庆银饰的多元文化之美	文本、图片、PPT、教学案例	
		鹤庆银饰与宗教信仰		
		鹤庆银饰纹样中的地域文化符号		
	传统与创新融合发展的鹤庆银饰	鹤庆银艺与文化生境	文本、图片、PPT、教学案例	
		国家级白族银饰技艺传承人寸发标大师		
		白族部分地区银艺术考察纪实		
	白族鹤庆银饰作品赏析	宗教器物	文本、图片、PPT、教学案例	
		生活实用器物		
		首饰		
	作　业	针对所有节点资源和媒体类型资源	习　题	50道

（4）广东大吴泥塑

潮州大吴泥塑是一种有着近千年历史的汉族传统手工艺美术品。其艺术表现手法有雕、塑、捏、贴、刻、印、彩，其中贴、印、彩的有机结合而形成了强烈的汉族民族风格，是区别于其他雕塑和民间泥塑的地方艺术特色。大吴泥塑多取材于潮剧、民间传说、章回小说和人们生活中谐趣的人物和场景。大吴泥塑的制作工艺精细，在广东潮州汉族民俗活动中广泛使用，具有很高的历史、文化、艺术价值和收藏价值。大吴泥塑在历史上享有很高的价值地位，其中很重要的原因是贴塑这门独特技艺唯大吴特有。大吴村的“大吴泥塑”是与天津“泥人张”、无锡“惠山泥人”齐名的中国三大泥塑之一。2008年6月大吴泥塑被列入第二批国家级非物质文化遗产名录。资源开发见表3-9。

3. 拓展民间美术项目

对于中国民间美术，前期已与中国艺术研究院孙建君教授带领的团队做了一定的整理和研究，按材质和功能共分为民间年画、民间剪纸、民间刺绣、民间面塑、民间银饰、民间织染、民间风筝、民间雕刻、民间面具、民间木偶、民间皮影、民间玩具、民间彩塑、民间灯彩、民间灯具、民间绘画、民间神像、绣荷包、民间陶瓷、民间器用、民间服饰（上）、民间服饰（下）、民间起居、民间配饰24大系，取得了较好的成果和效果。把民间美术相关资源数字化、课程化是我们未来工作的重点，但因时间、资金等因素的制约，现从中遴选4类进行探索式开发。

（1）民间皮影

皮影戏是中国民间古老的传统艺术，曾是十分受欢迎的民间娱乐活动之一，流传广泛。皮影是民间美术的典型代表，历史悠久，源远流长，传播地域广阔，影响深远。在不同区域的长期演化过程中，形成了不同流派，常见有四川皮影、湖北皮影、湖南皮影、北京皮影、唐山皮影、山东皮影、山西皮影、青海皮影、宁夏皮影、陕西皮影，以及川北皮影、陇东皮影等各具风格特色的地方皮影。2006年，皮影戏入选第一批国家级非物质文化遗产名录，2011年，中国皮影戏入选世界非物质文化遗产代表作名录。皮影作为电影的鼻祖，在人物造型、景片设置以及各种道具设计方面为当代中国的动漫创作提供了有益的借鉴。本次资源开发将以唐山、陕西等地区皮影为典型代表，资源开发见表3-10。

表3-9　广东大吴泥塑资源开发一览表

<table>
<tr><th>项目/课程</th><th>层级资源</th><th>节点资源</th><th>资源类型</th><th>建设数量</th></tr>
<tr><td rowspan="27">非遗项目：
广东大吴泥塑

技艺培训课程：
广东大吴泥塑

资源应用课程：
非物质文化遗产概论、传统装饰艺术、创意思维设计、传统金属工艺创新设计、非遗影像采集、非遗数字出版物、非遗动画设计</td><td>课程标准</td><td>目标、能力、内容、评价等</td><td>文本、PPT</td><td rowspan="26">文字：2万字
图片：200张
PPT：10个
视频：3个
动画：1个
电子读物：1个
教学案例：3个
轻应用：H5应用1个</td></tr>
<tr><td>课程设计</td><td>整体设计+单元设计</td><td>文本、PPT</td></tr>
<tr><td>历史回顾</td><td>历史由来工具</td><td>文本、图片、PPT、视频</td></tr>
<tr><td>传承人</td><td>吴光让、吴闻鑫、吴宏城</td><td>文本、图片、PPT、视频、微课</td></tr>
<tr><td rowspan="5">工艺流程</td><td>挖泥</td><td rowspan="5">文本、图片、PPT、视频、动画、电子读物</td></tr>
<tr><td>炼泥</td></tr>
<tr><td>捏塑</td></tr>
<tr><td>烧坯</td></tr>
<tr><td>彩绘</td></tr>
<tr><td rowspan="7">表现手法</td><td>雕</td><td rowspan="7">文本、图片、PPT、视频、动画、电子读物、轻应用</td></tr>
<tr><td>塑</td></tr>
<tr><td>捏</td></tr>
<tr><td>贴</td></tr>
<tr><td>刻</td></tr>
<tr><td>印</td></tr>
<tr><td>彩</td></tr>
<tr><td rowspan="5">创作取材</td><td>潮剧</td><td rowspan="5">文本、图片、PPT、教学案例</td></tr>
<tr><td>民间传说</td></tr>
<tr><td>章回小说</td></tr>
<tr><td>人物造型</td></tr>
<tr><td>情景造型</td></tr>
<tr><td rowspan="4">优秀作品赏析</td><td>传统作品</td><td rowspan="4">文本、图片、PPT、教学案例</td></tr>
<tr><td>吴光让作品</td></tr>
<tr><td>吴闻鑫作品</td></tr>
<tr><td>吴洪城作品</td></tr>
<tr><td>作　业</td><td>针对所有节点资源和媒体类型资源</td><td>习　题</td><td>50道</td></tr>
</table>

表3-10 民间皮影资源开发一览表

项目/课程	层级资源	节点资源	资源类型	建设数量
非遗项目： 唐山、陕西等地区皮影 技艺培训课程： 皮影 资源应用课程： 非物质文化遗产概论、传统装饰艺术、创意思维设计、传统金属工艺创新设计、非遗影像采集、非遗数字出版物、非遗动画设计	课程标准	目标、能力、内容、评价等	文本、PPT	文字：4万字 图片：400张 PPT：20个 视频：4个 动画：2个 电子读物：2个 教学案例：3个 微课：1位大师微课 轻应用：H5应用1个 出版教材：1件
	课程设计	整体设计+单元设计	文本、PPT	
	历史起源	概说中国皮影的表演艺术形式特点	文本、图片、PPT、视频	
		历史起源		
		流传地域		
	皮影制作	皮影种类和艺术特征	文本、图片、PPT、视频、动画、电子读物	
		皮影工艺制作流程		
	艺术流派	唐山皮影、陕西皮影等	文本、图片、PPT、教学案例、微课	
	作品赏析	不同风格的皮影戏曲目赏析，包括历史演义、民间传说、神话寓言	文本、图片、PPT、教学案例、轻应用	
		各种流派皮影造型作品赏析		
	社会影响	口头文学	文本、图片、PPT	
		风情民俗		
		文化内涵		
		艺术审美价值		
	传承与创新	中国皮影保护与现状	文本、图片、PPT	
		传承与创新		
		动画设计与应用		
	作 业	针对所有节点资源和媒体类型资源	习 题	50道

（2）民间风筝

风筝是一种源起于中国民间的传统玩具，在今天多为人们的游艺健身用具。中国风筝古称“纸鸢”“纸鹞”又有地方谓之“纸搓”等，民间俗称“风筝”。风筝自身的制作工艺具有独特的美学意义。中国民间风筝的源起、形制、制作、放飞技巧均在于对飞鸟的肖形。中国风筝的制作不仅历史悠久而且工艺精良，独具特色。这种特色源于中国本土地域广阔、民族众多，各地的风俗文化异彩相呈。风筝在流传发展过程中因地域不同而就地取材制样，依各地民俗而制作放飞，与当地其他民间工艺相结合，种种条件相促产生了形式多样、流派纷呈的中国风筝。中国民间风筝的表现形式有：鸟兽鱼虫、人物、花草、文字、几何图形等，装饰手法多样、具有民族风情，特别强调近成画远成景。本次资源开发将以北京、天津、潍坊等地区风筝为典型代表，资源开发见表3-11。

表3-11　民间风筝资源开发一览表

<table>
<tr><th>项目/课程</th><th>层级资源</th><th>节点资源</th><th>资源类型</th><th>建设数量</th></tr>
<tr><td rowspan="21">非遗项目：
北京、天津、潍坊等地区风筝

技艺培训课程：
民间风筝

资源应用课程：
非物质文化遗产概论、传统装饰艺术、创意思维设计、传统金属工艺创新设计、非遗影像采集、非遗数字出版物、非遗动画设计</td><td>课程标准</td><td>目标、能力、内容、评价等</td><td>文本、PPT</td><td rowspan="21">文字：4万字
图片：400张
PPT：15个
视频：4个
动画：1个
电子读物：2个
教学案例：3个
微课：1位大师微课
轻应用：H5应用1个
产品：内容解析型APP《民间风筝》1个
出版教材：1本
文创产品：1件</td></tr>
<tr><td>课程设计</td><td>整体设计+单元设计</td><td>文本、PPT</td></tr>
<tr><td>风筝的发展与流变</td><td>风筝的发展史与风筝身份的变迁</td><td>文本、图片、PPT、视频</td></tr>
<tr><td>风筝的流派与地域风格</td><td>北京风筝、天津风筝、潍坊风筝、南通风筝等</td><td>文本、图片、PPT、视频、动画、电子读物</td></tr>
<tr><td rowspan="5">风筝的分类</td><td>以形态分</td><td rowspan="5">文本、图片、PPT、视频、动画、电子读物、轻应用</td></tr>
<tr><td>以功能分</td></tr>
<tr><td>以体积分</td></tr>
<tr><td>按风筝结构划分</td></tr>
<tr><td>风筝的其他分类方式</td></tr>
<tr><td rowspan="5">风筝的制作技艺</td><td>风筝的升空条件</td><td rowspan="5">文本、图片、PPT、视频、动画、电子读物、产品</td></tr>
<tr><td>风筝线</td></tr>
<tr><td>风筝配件</td></tr>
<tr><td>风筝的制作</td></tr>
<tr><td>风筝绘制口诀</td></tr>
<tr><td rowspan="3">风筝的民俗</td><td>风筝与节气</td><td rowspan="3">文本、图片、PPT</td></tr>
<tr><td>风筝与祈福</td></tr>
<tr><td>风筝与养生</td></tr>
<tr><td>各派风筝传承人及大师介绍</td><td>2至3人</td><td>文本、图片、PPT、视频、微课</td></tr>
<tr><td></td><td>作　业</td><td>针对所有节点资源和媒体类型资源</td><td>习　题</td><td>50道</td></tr>
</table>

（3）民间陶瓷

中国拥有极为辉煌的陶瓷历史，陶器的制作可以追溯到距今八千年的新石器时期，中国还是最早制作瓷器的国度，缔造这辉煌陶瓷历史的主角正是中国民窑。民窑称谓相对于官窑而言，唐宋之际，帝王逐渐垄断了部分陶瓷生产，“不得臣庶用之”，由此发展出独立民窑之外的“官窑”体系。民窑陶瓷更多的制品面向普通百姓，成为民众生活日用所需的民间陶瓷。民间陶瓷常与材质粗糙、装饰朴拙联系在一起。中国民间陶瓷在悠久的历史长河、广阔的地理空间中因地域、工艺、功用不同而包罗万象，展现出丰富多彩的造型与装饰特征。本次资源开发将以景德镇陶瓷和石湾公仔陶瓷为典型代表，资源开发见表3-12。

（4）民间织染

“染织”是染和织的合称，染是对织物的染色和印花，织即是织造。染织工艺的出现，是人类文明阶段的一个标志。中国的染织技术起源很早，在新石器时代晚期，中国就已经出现了染织过的麻、葛、毛的制品；尤其是蚕桑和丝织技术的发明，更给人类文明带来了深刻的影响。在五千年的历史长河中，中国的染织工艺不断发展、演变、丰富，形成了具有民族特色的独特体系，有着辉煌的成就。该部分将分别对织染的历史、品种、工艺进行介绍，展现出中国染织工艺的丰富多彩。本次资源开发将以江苏南通织染、湘西土家织锦为典型代表，资源开发见表3-13。

表3-12　民间陶瓷资源开发一览表

<table>
<tr><th>项目/课程</th><th>层级资源</th><th>节点资源</th><th>资源类型</th><th>建设数量</th></tr>
<tr><td rowspan="8">非遗项目：
景德镇陶瓷、石湾公仔陶瓷

技艺培训课程：
民间陶瓷

资源应用课程：
非物质文化遗产概论、传统装饰艺术、创意思维设计、传统金属工艺创新设计、非遗影像采集、非遗数字出版物、非遗动画设计</td><td>课程标准</td><td>目标、能力、内容、评价等</td><td>文本、PPT</td><td rowspan="8">文字：4万字
图片：300张
PPT：15个
视频：4个
动画：1个
电子读物：2个
教学案例：4个
微课：1位大师微课
轻应用：H5应用1个
产品：互动体验型交互式APP《景德镇陶瓷》1个
出版教材：1本
文创产品：2套</td></tr>
<tr><td>课程设计</td><td>整体设计+单元设计</td><td>文本、PPT</td></tr>
<tr><td rowspan="2">民间陶瓷概说</td><td>民间陶瓷辨识</td><td rowspan="2">文本、图片、PPT、视频、动画、电子读物</td></tr>
<tr><td>民间陶瓷材质及烧造技艺</td></tr>
<tr><td rowspan="4">民间陶瓷溯源</td><td>新石器时代的彩陶</td><td rowspan="4">文本、图片、PPT、视频</td></tr>
<tr><td>商代的原始陶器</td></tr>
<tr><td>秦汉时期的陶器塑像</td></tr>
<tr><td>隋代及之前的早期瓷器</td></tr>
</table>

续表

项目/课程	层级资源	节点资源	资源类型	建设数量
非遗项目： 景德镇陶瓷、石湾公仔陶瓷 技艺培训课程： 民间陶瓷 资源应用课程： 非物质文化遗产概论、传统装饰艺术、创意思维设计、传统金属工艺创新设计、非遗影像采集、非遗数字出版物、非遗动画设计	唐宋时期的民间陶瓷	唐宋时期官窑与民窑的分野	文本、图片、PPT、视频、微课	文字：4万字 图片：300张 PPT：15个 视频：4个 动画：1个 电子读物：2个 教学案例：4个 微课：1位大师微课 轻应用：H5应用1个 产品：互动体验型交互式APP《景德镇陶瓷》1个 出版教材：1本 文创产品：2套
		唐代民间青瓷、白瓷生产		
		宋代北方民间窑系		
		宋代南方民间窑系		
	元、明、清时期的民间陶瓷	继往开来的元代民间陶瓷	文本、图片、PPT、视频、微课	
		明代的民间青花烧造		
		清代的民间制瓷中心—景德镇		
	近现代北方地区代表性民间窑场	磁州窑	文本、图片、PPT、视频、轻应用	
	近现代江南地区代表性民间窑场	景德镇窑	文本、图片、PPT、视频	
	近现代华南地区代表性民间窑场	石湾窑	文本、图片、PPT、视频	
	民间陶瓷的文化内涵	陶瓷纹样与民间祥瑞	文本、图片、PPT	
		陶瓷塑像与民间信仰		
		陶瓷器用与民间生活		
		陶瓷贸易与民间文化交流		
	作　业	针对所有节点资源和媒体类型资源	习　题	50道

表3-13　民间织染资源开发一览表

<table>
<tr><th>项目/课程</th><th>层级资源</th><th>节点资源</th><th>资源类型</th><th>建设数量</th></tr>
<tr><td rowspan="15">非遗项目：
南通织染、
土家织锦

技艺培训课程：民间织染

资源应用课程：
非物质文化遗产概论、传统装饰艺术、创意思维设计、传统金属工艺创新设计、非遗影像采集、非遗数字出版物、非遗动画设计</td><td>课程标准</td><td>目标、能力、内容、评价等</td><td>文本、PPT</td><td rowspan="15">文字：4万字
图片：200张
PPT：15个
视频：3个
动画：1个
电子读物：1个
教学案例：3个
轻应用：H5应用1个
出版教材：1本</td></tr>
<tr><td>课程设计</td><td>整体设计+单元设计</td><td>文本、PPT</td></tr>
<tr><td>民间染织概说</td><td>中国的染织历史发展沿革</td><td>文本、图片、PPT</td></tr>
<tr><td rowspan="2">染织历史渊源及其类别</td><td>印染历史及品类</td><td rowspan="2">文本、图片、PPT</td></tr>
<tr><td>织造历史及种类</td></tr>
<tr><td rowspan="2">染的工艺</td><td>蓝印花布（南通蓝印花布为例）</td><td rowspan="2">文本、图片、PPT、视频、动画、电子读物</td></tr>
<tr><td>扎染（白族扎染为例）</td></tr>
<tr><td rowspan="2">织的工艺</td><td>民间织锦（土家族织锦西兰卡普）</td><td rowspan="2">文本、图片、PPT、视频、动画、电子读物、轻应用</td></tr>
<tr><td>缂　丝</td></tr>
<tr><td rowspan="3">染织大师介绍</td><td>印染大师1至2人</td><td rowspan="3">文本、图片、PPT、视频、微课</td></tr>
<tr><td>织锦大师1人</td></tr>
<tr><td>缂丝大师1人</td></tr>
<tr><td rowspan="3">染织作品赏析</td><td>蓝印花布</td><td rowspan="3">文本、图片、PPT、教学案例</td></tr>
<tr><td>织　锦</td></tr>
<tr><td>缂　丝</td></tr>
<tr><td></td><td>作　业</td><td>针对所有节点资源和媒体类型资源</td><td>习　题</td><td>50道</td></tr>
</table>

五、建设步骤

建设分为前期研究与调研、顶层设计、资源建设、运行调试、推广应用五个步骤。

（一）前期研究与调研（2015年12月～2016年5月）

文献研究：全方位收集传统艺术文化发展文献资料，分析现有成果和经验，为资源库升级改进建设提供框架结构和方法论的支持。

比较分析：自从资源库上线使用以来，我们通过访谈和问卷形式进行广泛的需求调研与反馈，发现资源库还存在一定的问题，部分资源本身发掘不够，分层分类不够明确，经典资源还不够丰富；资源库平台使用不便，学习路径单一，有待进一步提升；基于移动互联网传播的学习资源不充分，有待进一步建设。通过对比分析，总结优秀的资源库建设经验，发现问题，解决问题，为进一步更新、改进资源库建设提供设计思路和可靠保障。

调研：对升级和增加的“中国传统金属及泥塑工艺美术”项目、拓展的“民间美术”非遗项目的保护与传承开展广泛的调研，遴选各具有代表性的项目，进行深入详细研究，完成非遗保护模式、传承方式、创新途径的分析；对企业、学校、毕业生进行调研，同时采集行业调研信息，完成民族文化传承与创新相关专业群职业能力分析，作为资源建设和课程开发的重要依据。

（二）顶层设计阶段（2016年6月～2016年10月）

从文化内涵表达、工艺技艺展示、地域特色呈现等视角，进一步丰富和完善“中国传统金属及泥塑工艺美术”子库。遵循教育教学规律和行业规律，从职业岗位分析出发，搭建基于职业技术技能的非遗项目课程。将民族传统文化整理成规范、系统、科学的教学标准，按行业规范和职业标准应用数字媒体技术并转化成数字化的教育教学资源。面向职业教育和文创产业，开发产品、案例等创新成果。

（三）资源建设阶段（2016年11月～2017年10月）

在中国传统金属及泥塑工艺美术子库建设的基础上，以课程建设为主线，面向学习者需求，系统化开发、整体化设计相关教学资源，深挖既有非遗项目，补充其他非遗项目，拓展民间美术项目；强化学习者学习路径设计，为不同层次的学习者订制适合的学习路径，导引学习者学习，加强资源有效供给；顺应现代人学习和生活习惯，丰富和完善资源应用传播渠道，加强移动互联网资源建设。

（四）运行调试阶段（2017年11月～2017年12月）

将数字化教学资源上传至高等教育出版社的资源库系统平台，通过知识模块化组合、课程结构化设计、素材的颗粒化展示，不断加强各类资源的调试与应用，提高使用效率。

（五）推广应用阶段（2018年1月～2018年3月）

通过“百校百城”“旅游商品产学研联盟”“文化创意产业联盟”等多元平台，介绍民族文化传承与创新专业教学资源库最新建设成果，进行示范教学，指导全国各职业院校开展教学模式、教学方法改革和资源检索、合成、应用及成果转化，在全国各职业院校、文化创意及相关行业企业推广应用资源库。

六、绩效目标

（一）总体目标

深化已有非遗项目，补充相关非遗项目，拓展民间美术非遗项目，丰富和完善中国传统金属工艺与泥塑工艺美术子库内容；有效导引资源，提高使用效率，探索更加人性化的学习路径；充分利用移动智能平台与设备，顺应人们学习方式变化，强化移动互联网资源开发。系统化设计、课程化开发面向不同用户学习需要、课程模块建设需要、非遗项目传承需要的教育教学资源，为民族文化传承与创新专业教学资源库后续建设提供参考案例，有效传承与弘扬民族文化，为教学服务，为文化创意产业服务，培养民族文化传承创新职业人。

（二）绩效指标

项目实施后，产生的绩效指标见表3-14。

表3-14　资源库升级改进项目绩效指标

一级指标	二级指标	三级指标（可以加行）	指标值
产出指标	数量指标	用户数（人）	新增6000
		颗粒化资源量（人）	6000
		非遗项目（项）	12
		文本资料（万字）	37
		图片处理（张）	3150
		PPT演示文稿（个）	190
		非遗项目视频（个）	35
		非遗项目动画（个）	9
		非遗项目电子读物（个）	15
		微信传播的H5应用页面（个）	12
		APP或APK产品（个）	3
		文创产品（件套）	8
		非遗项目大师微课（门）	8
		非遗项目课程（门）	12
		非遗项目教材（本）	5
		习题（道）	600
		微信公众号非遗项目信息发布（条）	100

续表

一级指标	二级指标	三级指标（可以加行）	指标值
产出指标	质量指标	活跃资源占比（%）	70
		活跃用户占比（%）	50
		探索与实践学习路径设计（套）	1
		强化移动互联网资源开发（种）	4
	时效指标	建设任务完成及时率（%）	100
		建设任务实际完成率（%）	100
		……	
	成本指标	项目总支出严格控制在预算范围内，支出项目严格按照预算批复执行	260万元以内
		……	
效益指标	经济效益指标	创意产品转化（套）	8
		企业案例开发（个）	40
		非遗技艺保护（种）	>12
		……	
	社会效益指标	社会学习用户数（人）	>4000
		在校学生（人）	>10000
		教师（人）	>1000
		企业学习用户数（人）	>4000
		青少年及儿童（人）	>1000
	生态效益指标		
		……	
	可持续影响	每年增加用户（人）	1500
		每年资源更新（%）	10
		民族文化传承创新人才培养（年）	5~8
		民族文化大众传播（年）	5~8

续表

一级指标	二级指标	三级指标（可以加行）	指标值
满意度指标	服务对象满意度指标	在校生使用满意度（%）	95
		社会学习者使用满意度（%）	90
		教师使用满意度（%）	95
		企业设计人员使用满意度（%）	90
		青少年及儿童使用满意度（%）	85

七、措施保障

（一）组织保障

1．建立项目建设领导小组，指导项目顶层设计与资源建设

成立由文化部非遗司和民族文化领域、中国工艺美术大师和高等职业教育领域著名的专家学者建立项目建设指导小组，规范、明确资源建设计划与建设标准，实施建设过程的监控，保证资源库建设质量。

2．成立项目建设办公室，对各项目实施过程监控

成立项目建设管理办公室，作为建设单位的执行机构，办公室具体负责制定项目总体建设方案，负责项目建设的协调与组织，并对各建设项目进度与质量进行管理与监控。

3．组建项目开发团队，负责项目的具体实施

联合国内实力强的相关职业院校和知名行业企业，由行业领域专家、企业设计师、学校专业骨干教师共同组成项目团队，形成由指导层、操作层组成的项目建设梯队，负责资源库素材开发与课程建设，主要履行以下职责：

（1）进行资源库升级改进建设前期调研和相关准备工作，按照建设计划中具体的分工安排开展工作任务；

（2）与参与资源库升级改进建设的院校、政府部门或行业企业签署相关建设责任书；

（3）按照项目建设方案和任务书确定的建设内容，进行项目建设实施；

（4）进行项目实施过程督导监控，保证资源库建设质量；

（5）定期参加资源库项目建设管理办公室组织的联席会议，及时沟通工作进展状况；

（6）对完成的项目建设进行定期的汇报、总结和修改；

（7）组织子项目的建设成果验收工作。

（二）管理保障

1．实施制度管理

制定《民族文化传承与创新专业教学资源库建设项目管理办法》，实行目标责任管理，明确各级项目建设参与者的任务、要求、责任，并对建设项目各环节的实施与检查做出规定，保障项目建设有序、高效开展。

2．进行分期检查

建立项目建设分期检查制度，对项目建设过程实行监控和动态管理。管理委员会根据检查情况向各项目组进行反馈，并向项目建设指导小组和各联合建设单位通报。

（三）运营保障

1．政府支持

通过政校企行合作，将国家级非遗资源转化为职业教育教学资源，并将教学成果转化、开发，为社会、行业企业民族文化传承创新提供资源服务。

2．资源保障

通过前期的民族文化传承与创新专业教学资源库建设，为后续资源库项目升级与改进积累了丰富的社会资源、人力资源和非遗项目资源。

3．政校企行合作

作为民族文化传承与创新专业教学资源库项目主持单位，国家高职教育综合改革试验区建设单位，搭建了多元政校企行合作平台，与本项目建设联动共享，互为补充，提升资源库建设的水平。

4．知识产权保护

借助网络信息平台为广大使用者提供共享教学资源的服务，其间有可能引发知识产权归属与使用等问题。在资源库项目建设及使用中，强化知识产权保护意识，依照相关法律法规，采取相应措施，加强源头检查和过程监控，确保自主产权，避免产权纠纷。

八、资金使用与管理

（一）资金投入

建设单位保证在人力、物力、财力方面全力支持，保障建设任务按时保质完成。项目总资金260万元，其中，部本专项支持200万元，学校自筹资金60万元，资金筹措见表3-15。

表3-15 资源库升级改进项目资金筹措表

学 校	承担任务	总资金（万元）	部本专项（万元）	自筹资金（万元）
北京电子科技职业学院	民族文化传承与创新专业教学资源库暨中国传统金属工艺及泥塑工艺美术子库升级改进支持项目建设	260	200	60

（二）资金管理

在经费使用过程中，将严格按照《职业教育专业教学资源库建设工作指南（2016）》《北京电子科技职业学院职业教育民族文化传承与创新专业教学资源库项目建设资金使用与管理细则》等文件要求，项目建设资金主要用于素材制作、企业案例收集制作、课程开发、特殊工具软件制作、应用推广、调研论证等方面的开支，相应按咨询费、印刷费、差旅费、会议费、培训费、专用材料费、委托业务费、其他商品服务支出、专用设备购置费、信息网络及软件购置更新等经济业务分类归集与核算。用于调研论证、咨询的费用严格控制在项目预算的10%以内；素材制作、企业案例收集制作、课程开发、特殊工具软件制作、应用推广、调研论证之外的其他开支严格控制在项目预算总额的8%以内。同时，严格按照项目建设投资计划支出，实行全程管理，合理有效使用各项建设经费，对经费使用严格把关，按规定用途、在规定使用范围和额度内合法合理地使用。各合建单位按照项目资金使用额度对所管辖的建设项目专项资金进行日常管理，对经费使用和报销进行认真审批，确保各项建设资金的使用规范、用途合理，保障项目建设经费实行专款专用，发挥资金使用的最大效益。

九、项目预算

表3-16 职业教育（资源库升级改进项目）专业教学资源库升级改进支持项目预算

单位：万元

开支范围（业务事项）	支出											项目预算总额	收入						
	经济业务分类												申请部本专项		项目筹措资金				
	咨询费	印刷费	差旅费	会议费	培训费	专用材料费	委托业务费	其他商品和服务支出	专用设备购置费	信息网络及软件购置更新	教材出版		合计	占项目预算总额比（%）	合计	占项目预算总额比（%）	其中：举办方或地方财政投入资金	其中：行业企业支持资金	其中：相关院校自筹资金
合　计	14		12	4	1	13	45	20		136	15	260	200	76.9	60	23.1			60
1. 素材制作	0	0	0	0	0	13		20	0	45	0			22.3		7.7			
1.1收集采集						13		20				33	21		12				12
1.2加工制作										45		45	37		8				8
……																			
2. 企业案例收集制作	0	0	0	0	0	0	22	0	0	28	0			13.5		5.8			
2.1案例收集							22					22	15		7				7
2.2加工制作										28		28	20		8				8
……																			
3. 课程开发	0	0	0	0	0	0	19	0	0	45	15			24.6		5.8			
3.1内容开发							19					19	12		7				7
3.2数字化制作										45		45	37		8				8
3.3教材出版											15	15	15						

续表

开支范围（业务事项）	支出：经济业务分类：咨询费	印刷费	差旅费	会议费	培训费	专用材料费	委托业务费	其他商品和服务支出	专用设备购置费	信息网络及软件购置更新	教材出版	项目预算总额	收入：申请部本专项：合计	占项目预算总额比（%）	项目筹措资金：合计	占项目预算总额比（%）	其中：举办方或地方财政投入资金	行业企业支持资金	相关院校自筹资金
4. 特殊工具软件制作	0	0	0	0	0	0	0	0	0	18	0								
4.1 学习路径开发							0			18		18	18	6.9					
4.2																			
……																			
5. 应用推广	0	0	0	4	1	0	4	0	0	0	0								
5.1 会议培训				4	1							5	5	1.9		1.5			
5.2 维护更新							4					4			4				4
……																			
6. 调研论证	14	0	12	0	0	0	0	0	0	0	0								
6.1 调研差旅			12									12	9	7.7	3	2.3			3
6.2 论证咨询	14											14	11		3				3
7. 其他																			
7.1																			
7.2																			

表3-17 项目预算附注1：委托业务事项（2.1）绩效目标

委托业务事项名称	企业案例收集制作	
受托单位全称	按法规程序招标或按比选形式确定	
委托业务事项预算资金（万元）		合　计
	总　额	22
	其中：部本专项资金	15
	项目筹措资金	7
	项目筹措资金及其管理方式	部本专项资金和相关院校自筹资金相结合，严格控制预算，按相关规定执行
总体目标	目标1：收集企业案例相关素材 目标2：按教育教学规律，整理企业案例素材	

（企业案例收集制作）绩效指标

一级指标	二级指标	三级指标	指标值
产出指标	数量指标	企业案例素材（个）	>40
		整理企业案例素材（个）	40
	质量指标	活跃资源占比（%）	70
		活跃用户占比（%）	50
	时效指标	建设任务完成及时率（%）	100
		建设任务实际完成率（%）	100
	成本指标	严格控制预算（万元）	<22

续表

效益指标	经济效益指标	整理企业案例素材（个）	40
	社会效益指标	在校学生（人）	>10000
		教师（人）	>1000
		企业设计人员（人）	>4000
		青少年及儿童（人）	>1000
	生态效益指标		
	可持续影响	每年资源更新（%）	>10
		民族文化传承创新人才培养（年）	5～8
		企业员工技能培训（年）	5～8
满意度指标	服务对象满意度指标	在校学生使用满意度（%）	95
		教师使用满意度（%）	95
		社会学习用户使用满意度（%）	90
		青少年及儿童使用满意度（%）	85

表3-18　项目预算附注1：委托业务事项（3.1）绩效目标

委托业务事项名称	课程开发	
受托单位全称	按法规程序招标或按比选形式确定	
委托业务事项预算资金（万元）		合　计
	总　额	19
	其中：部本专项资金	12
	项目筹措资金	7
	项目筹措资金及其管理方式	部本专项资金和相关院校自筹资金相结合，严格控制预算，按相关规定执行
总体目标	目标1：按教育教学规律，结构化开发12门非遗项目课程内容	

（课程开发）绩效指标

一级指标	二级指标	三级指标	指标值
产出指标	数量指标	非遗项目课程内容开发（门）	12
	质量指标	活跃资源占比（%）	70
		活跃用户占比（%）	50
	时效指标	建设任务完成及时率（%）	100
		建设任务实际完成率（%）	100
	成本指标	严格控制预算（万元）	<19

续表

效益指标	经济效益指标	非遗项目课程（门）	12
	社会效益指标	社会学习者	>4000
		在校学生（人）	>10000
		教师（人）	>1000
		企业设计人员（人）	>4000
		青少年及儿童（人）	>1000
	生态效益指标		
	可持续影响	每年资源更新（%）	>10
		民族文化传承创新人才培养（年）	5～8
		企业员工技能培训（年）	5～8
满意度指标	服务对象满意度指标	社会学习者使用满意度（%）	95
		在校学生使用满意度（%）	95
		教师使用满意度（%）	95
		社会学习用户使用满意度（%）	90
		青少年及儿童使用满意度（%）	85

表3-19　项目预算附注1：委托业务事项（5.2）绩效目标

<table>
<tr><td colspan="2">委托业务事项名称</td><td colspan="3">应用推广之维护更新</td></tr>
<tr><td colspan="2">受托单位全称</td><td colspan="3">按法规程序招标或按比选形式确定</td></tr>
<tr><td rowspan="5">委托业务事项
预算资金
（万元）</td><td colspan="2"></td><td colspan="2">合　计</td></tr>
<tr><td colspan="2">总　额</td><td colspan="2">4</td></tr>
<tr><td colspan="2">其中：部本专项资金</td><td colspan="2"></td></tr>
<tr><td colspan="2">项目筹措资金</td><td colspan="2">4</td></tr>
<tr><td colspan="2">项目筹措资金及其管理方式</td><td colspan="2">由部本专项资金支持，严格控制预算，按相关规定执行</td></tr>
<tr><td>总体目标</td><td colspan="4">目标1：辅助开发部分更新资源
目标2：为资源应用推广提供技术支持与服务</td></tr>
<tr><td colspan="5">（应用推广之维护更新）绩效指标</td></tr>
<tr><td>一级指标</td><td>二级指标</td><td colspan="2">三级指标</td><td>指标值</td></tr>
<tr><td rowspan="12">产出指标</td><td rowspan="3">数量指标</td><td colspan="2">资源应用推广提供技术支持与服务（人）</td><td>所用用户</td></tr>
<tr><td colspan="2"></td><td></td></tr>
<tr><td colspan="2"></td><td></td></tr>
<tr><td rowspan="3">质量指标</td><td colspan="2">活跃资源占比（%）</td><td>70</td></tr>
<tr><td colspan="2">活跃用户占比（%）</td><td>50</td></tr>
<tr><td colspan="2"></td><td></td></tr>
<tr><td rowspan="3">时效指标</td><td colspan="2">建设任务完成及时率（%）</td><td>100</td></tr>
<tr><td colspan="2">建设任务实际完成率（%）</td><td>100</td></tr>
<tr><td colspan="2"></td><td></td></tr>
<tr><td rowspan="3">成本指标</td><td colspan="2">严格控制预算（万元）</td><td><4</td></tr>
<tr><td colspan="2"></td><td></td></tr>
<tr><td colspan="2"></td><td></td></tr>
</table>

续表

效益指标	经济效益指标	服务所有用户，更新部分资源	所用用户
	社会效益指标	社会学习者（人）	>4000
		在校学生（人）	>10000
		教师（人）	>1000
		企业设计人员（人）	>4000
		青少年及儿童（人）	>1000
	生态效益指标		
	可持续影响	每年资源更新（%）	>10
		民族文化传承创新人才培养（年）	5~8
		企业员工技能培训（年）	5~8
满意度指标	服务对象满意度指标	社会学习者使用满意度（%）	95
		在校学生使用满意度（%）	95
		教师使用满意度（%）	95
		社会学习用户使用满意度（%）	90
		青少年及儿童使用满意度（%）	85

表3-20 项目预算附注2：部本专项用于其他资本性支出预算明细

类别	内容	明细	主要技术参数	预计购置 数量	单位	单价	金额（万元）	备注
合计							136	
专用设备购置清单（主要技术参数须足以证明所购设备属于专用设备）								
信息网络及软件购置更新清单（仅限定于软件购置、开发、应用）	1.2素材制作	文字整理	——	37	万字	0.1	3.7	合计45万元
		图片加工	——	3150	张	0.002	6.3	
		视频制作	——	35	个	1	35	
	2.2 企业案例制作	教学化企业案例	——	40	个	0.5	20	合计28万元
		文创产品	——	8	个	1	8	
	3.2课程数字化制作	动画	——	9	个	1.5	13.5	合计45万元
		微课	——	8	门	1.5	12	
		H5轻应用	——	12	个	0.5	6	
		电子读物	——	15	个	0.3	4.5	
		APP产品	——	3	个	3	9	
	4.1学习路径开发	以学习者角色为中心的路径设计开发	——	1	套	18	18	合计18万元